ANATOMÍA ARTÍSTICA 10

Cabeza y cuello

AF276911

GG®

MICHEL LAURICELLA

Quiero dar las gracias a Viviane Alloing, Gwenaëlle Le Cunff, Carole Rousseau y Hélène Raviart. Quiero agradecer especialmente a Éric Sulpice, quien fuera director editorial durante el periodo en el que aparecieron los primeros volúmenes de esta colección, el haber creído desde el comienzo en este trabajo (¡del que pronto hará diez años!) y haber acogido también la publicación de mi libro *Écorché un genre*, que tanto ha significado para mí. Quiero darle las gracias a Eva Tejedor, responsable de *marketing*, por haberse ocupado de que estas obras llegaran a su público adecuado. Otro agradecimiento va para mi editora Nathalie Tournillon, quien ejerce su influencia para bien sobre la forma y el contenido de los libros que edita.

Doy las gracias también a todas las personas que se avinieron a mandarme fotografías suyas a diferentes edades, valiosos documentos que me han permitido apreciar los cambios de proporción en función de la edad.

Título original: *Tête & cou,* publicado en 2023 por Éditions Eyrolles, París.

Todas las ilustraciones son del autor, excepto la fotografía de la página 4:
© RMN-Grand Palais (musée d'Orsay) / René-Gabriel Ojeda
Algunos dibujos están inspirados en los de P. Richer, H. Rouvière y A. Delmas.
En estos casos se ha señalado en el pie de la ilustración.

Traducción: Unai Velasco
Diseño: monsieurgerard.com
Maquetación: Florian Hue

1ª edición, 2ª tirada, 2025

Printed in Spain
ISBN: 978-84-252-3524-5
Depósito legal: B. 21246-2023
Impresión: Gráficas 94, Barcelona

Editorial GG, SL
Via Laietana, 47 3.º 2.ª, 08003 Barcelona, España. (+34) 933 228 161
editorialgg.com

ÍNDICE

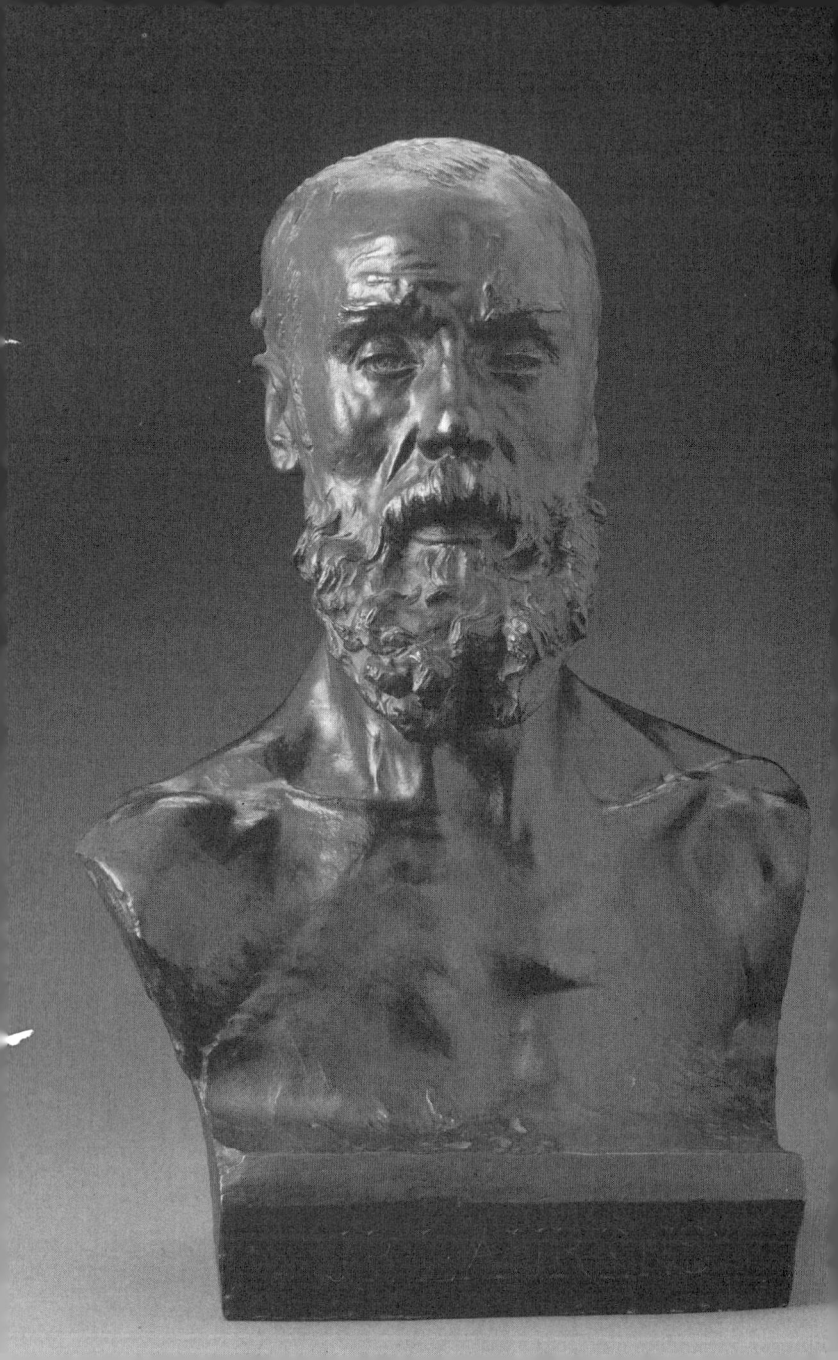

Auguste Rodin
Retrato de Jean-Paul Lorens
1882

PRÓLOGO

El arte del retrato, ya sea esculpido, pintado, dibujado, fotografiado o filmado, constituye un género en sí mismo. Son muchos los bellos ejemplos que podemos encontrar desde la Antigüedad, y muchos son también los artistas contemporáneos que organizan sus búsquedas formales en torno a este motivo. Si son múltiples las funciones que puede cumplir este tipo de representación —los rostros que vemos en las momias egipcias, los retratos propagandísticos de emperadores, los retratos ilustres, los autorretratos de artistas, las fotos de carnet, los retratos de familia, los primeros planos del cine, etcétera—, nos resulta la mar de natural que ese solo fragmento del cuerpo pueda valérselas por sí

mismo y evocar a la persona entera. Cada artista juega con los códigos de la representación. Podemos decidir hacer énfasis en los ojos, en la boca, tal y como el cine nos ha enseñado a hacer con sus primerísimos planos, ampliar el cuadro al rostro (igual que la máscara en la escultura), ampliar todavía más el encuadre hasta recortar la cabeza justo por debajo del mentón, o bien abrir un poco más el plano, por debajo, e incluir también los hombros. Encuadrado de tal forma, el retrato se convierte en un "busto" que comprende la cabeza, el cuello y el pecho, excluyendo la parte del brazo. Con tal de satisfacer de la mejor manera vuestras necesidades, yo escogería por lo general esta última versión.

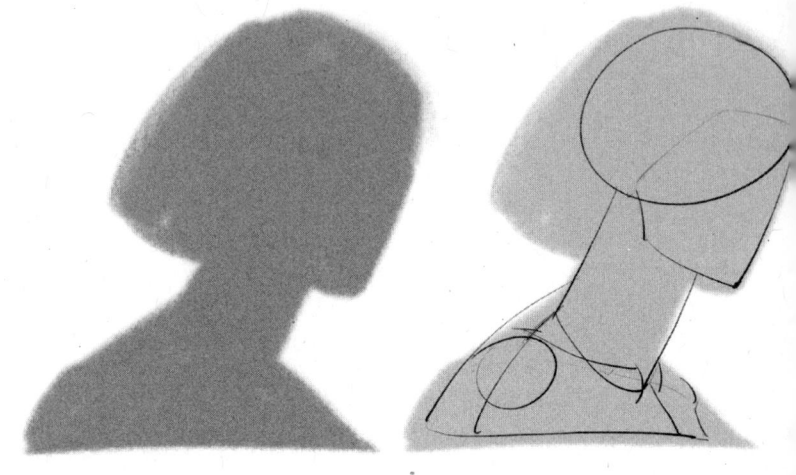

INTRODUCCIÓN

El mestizaje, después de milenios y tras miles de poblaciones, ha convertido al sujeto de esta obra en una fuente inagotable y ha permitido que el arte del retrato haya mantenido siempre vivo su interés. Nuestra especie, enriquecida por millones de individuos, ofrece una infinitud de variaciones sobre el mismo tema. Somos particularmente sensibles a la menor fluctuación de los rasgos que nos singularizan a cada uno de nosotros y de nosotras, de modo que la realización de un retrato nos invita con frecuencia a una búsqueda del parecido. La aproximación "morfo" y el formato pequeño de este libro nos imponen, sin embargo, un enfoque extremadamente sintético del asunto. Cualquiera de

las nociones de proporción, cualquiera de los intentos de definición de ciertos rasgos morfológicos de nuestra especie, deben estar sujetos a la debida reevaluación frente a vuestro modelo de turno. Se trata de ofrecer simplemente la matriz de lectura inscrita en el seno de nuestra cultura occidental. Los cánones de las proporciones empleadas aquí por mí proceden del Renacimiento italiano y han sido reajustados por algunos trabajos más recientes, especialmente los de Richer, Loomis y otros, que aparecen referenciados al final del libro en la bibliografía. Del mismo modo, los rasgos llamados "sexuales" suelen ser, por lo general, indefinidos, estar mezclados, confundidos se diría, de modo que

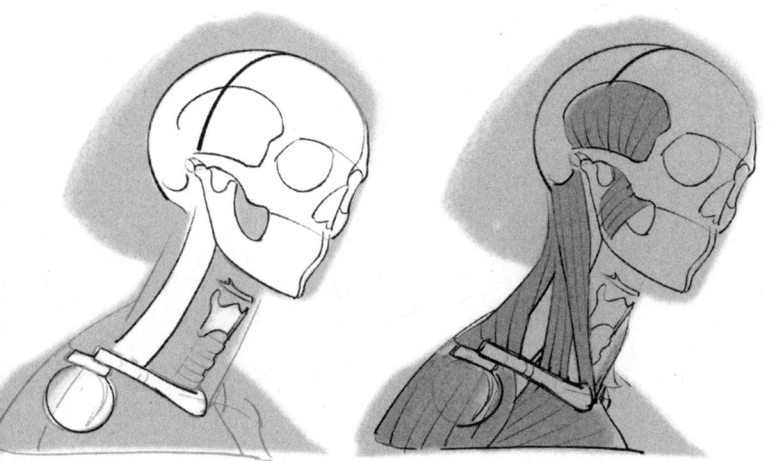

hacer una lista de cada una de las características reduciría la complejidad a la categoría de caricatura. A pesar de que correré el riesgo de la definición, a menudo procuraré dibujar las cabezas mediante rasgos andróginos, tanto en el dibujo de niños como en el de adultos, desprovistos de todo signo de sexo evidente (peinado, atuendo, vellosidad...).

Dicho esto, el objetivo se reduce a encontrar un medio que nos permita reducir esta realidad compleja, poder recordar las formas esenciales, de modo que sea posible dibujar libremente de memoria y, por contra, otorgarle al dibujo la singularidad de cada uno de nosotros y de nosotras. Las dificultades no se limitan solamente al estricto dibujo de la cabeza, sino que habremos de articularlo con el torso. La versión del busto clásico nos obliga a tener presente la morfología del cuello, la nuca, el nacimiento de los hombros y la parte superior del torso. A partir de ahí, podréis jugar con la inclinación y la orientación de la cabeza en relación con el eje formado por los hombros. En esta obra he reunido varios de los dibujos publicados en los volúmenes anteriores de esta colección. Aunque también encontraréis algunos esquemas inéditos, nociones de proporción en función de la edad, algunas vistas en escorzo y varios trucos para dibujar el pelo.

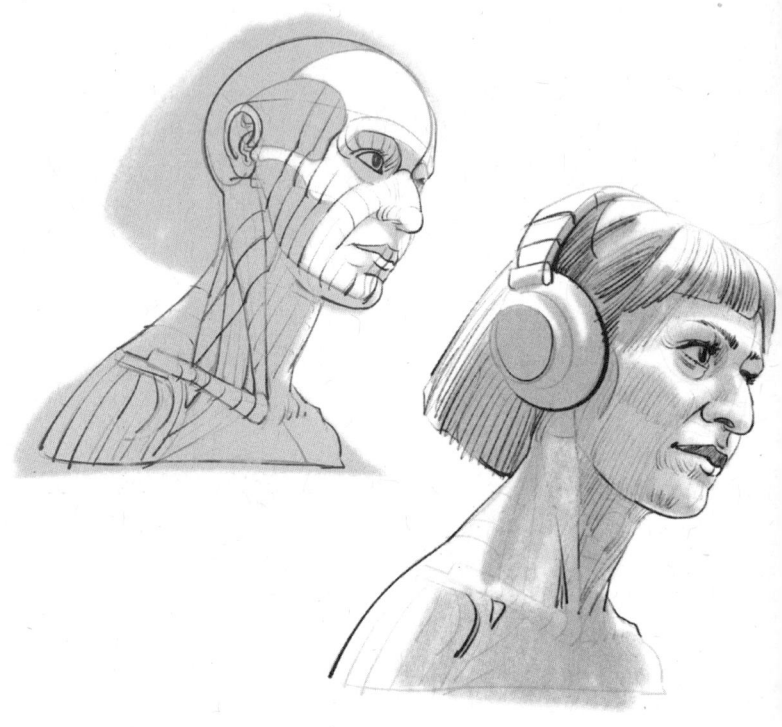

En vez de dividir mi recorrido a partir de regiones anatómicas —de la cabeza a los hombros—, detallando sucesivamente cada elemento del rostro, os propongo que procedamos mediante calco, por capas, que vayamos trazando a lo largo de las láminas una especie de "paso a paso" que nos muestre cómo, a partir de formas sintéticas, podemos otorgar espesor obligándonos a ir pasando

por el esqueleto y la musculatura, y añadir luego los detalles anatómicos de menor importancia, escondidos generalmente por la grasa, el pelo o la barba. "Vestiré" algunos de los dibujos, dotándolos de diversos accesorios que, espero, puedan hacer más legible, por contraste (la geometría de un par de gafas) o por ergonomía (un casco), el volumen de la cabeza.

LÁMINAS

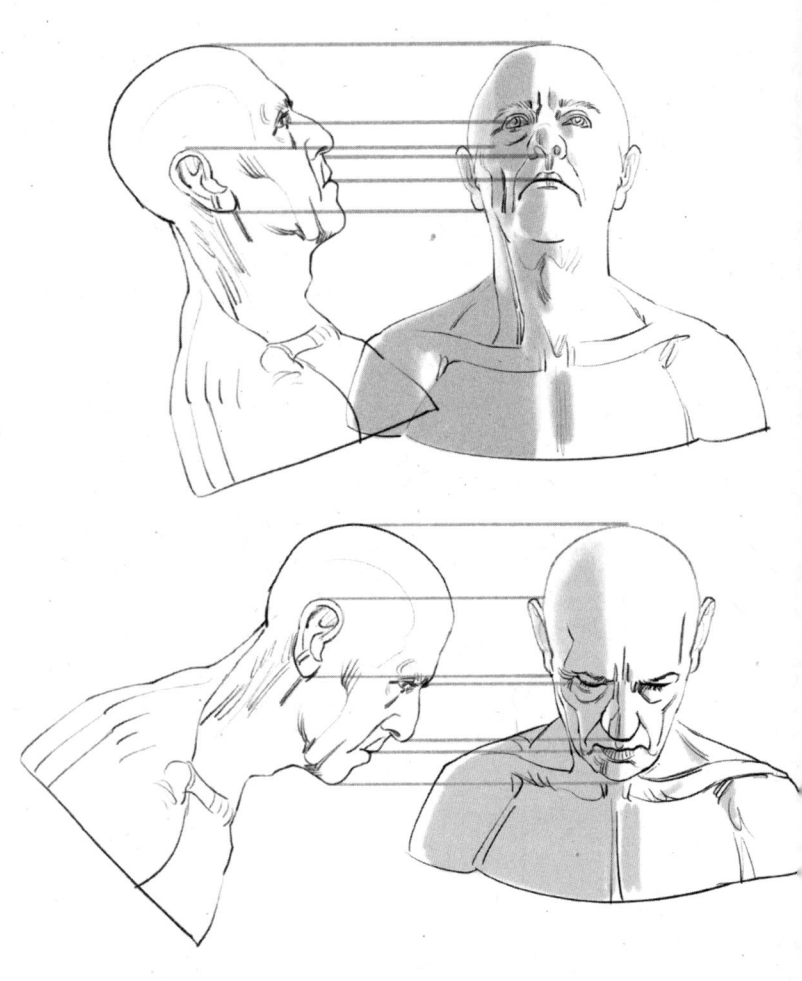

PROPORCIONES

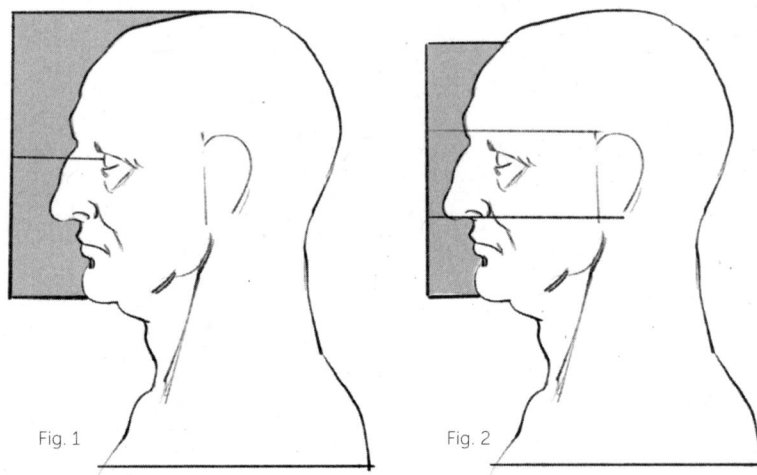

Fig. 1

Fig. 2

Fig. 1: he decidido partir de un canon "clásico", fácil de memorizar, ya que sitúa —en los adultos— los ojos a media altura. Da Vinci ha trazado con precisión el dibujo y ha multiplicado los estudios de cabezas que se alejan de este plano, con tal de relativizar la pertenencia a un canon, sea este el que sea.

Fig. 2: Da Vinci distingue el rostro de la cabeza y lo divide en tres segmentos iguales: la altura de la nariz; su continuación por encima para delimitar la frente (y la línea de implantación del pelo), y por debajo de la nariz, ajustándose al borde del mentón. La oreja vendría a estar situada a la misma altura que la nariz.

Los dibujos de la página de la derecha (calcados de fotografías) matizan estas consideraciones.

Fig. 3: este modelo ilustra perfectamente el canon que acabamos de mencionar.

Fig. 4: generalmente he visto la oreja situada de este modo, un poco más abajo.

Fig. 5 y 6: el peso de la mandíbula, tanto en ella como en él, explica que los ojos no coincidan del todo con esa media distancia y estén por encima.

Fig. 7: al contrario, una mandíbula pequeña desplaza los ojos por debajo de este punto de referencia.

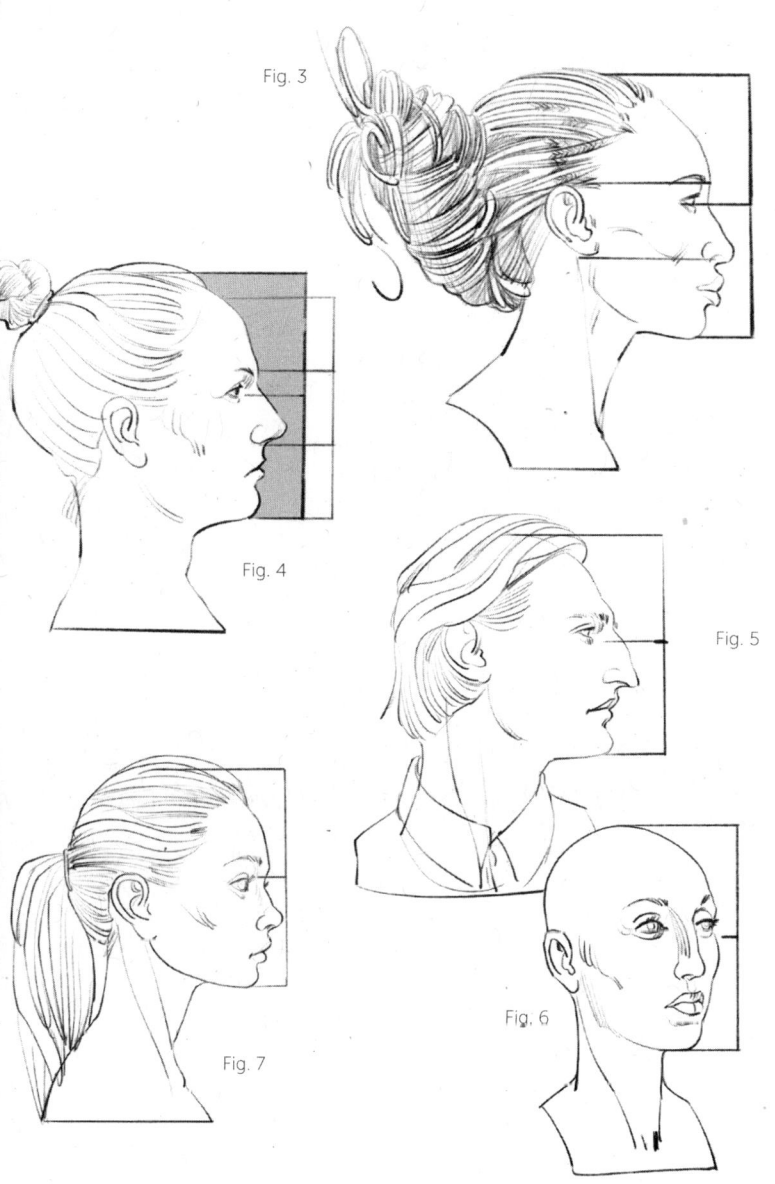

Fig. 3

Fig. 4

Fig. 5

Fig. 6

Fig. 7

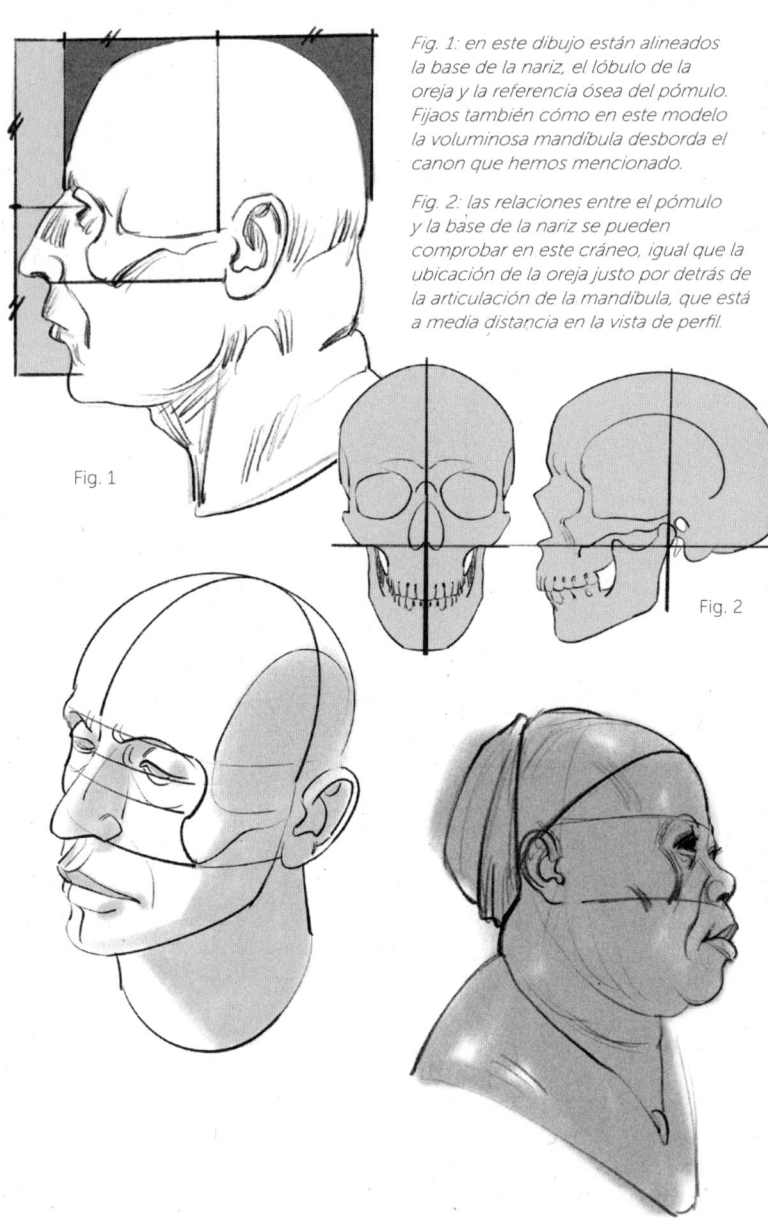

Fig. 1: en este dibujo están alineados la base de la nariz, el lóbulo de la oreja y la referencia ósea del pómulo. Fijaos también cómo en este modelo la voluminosa mandíbula desborda el canon que hemos mencionado.

Fig. 2: las relaciones entre el pómulo y la base de la nariz se pueden comprobar en este cráneo, igual que la ubicación de la oreja justo por detrás de la articulación de la mandíbula, que está a media distancia en la vista de perfil.

Fig. 1

Fig. 2

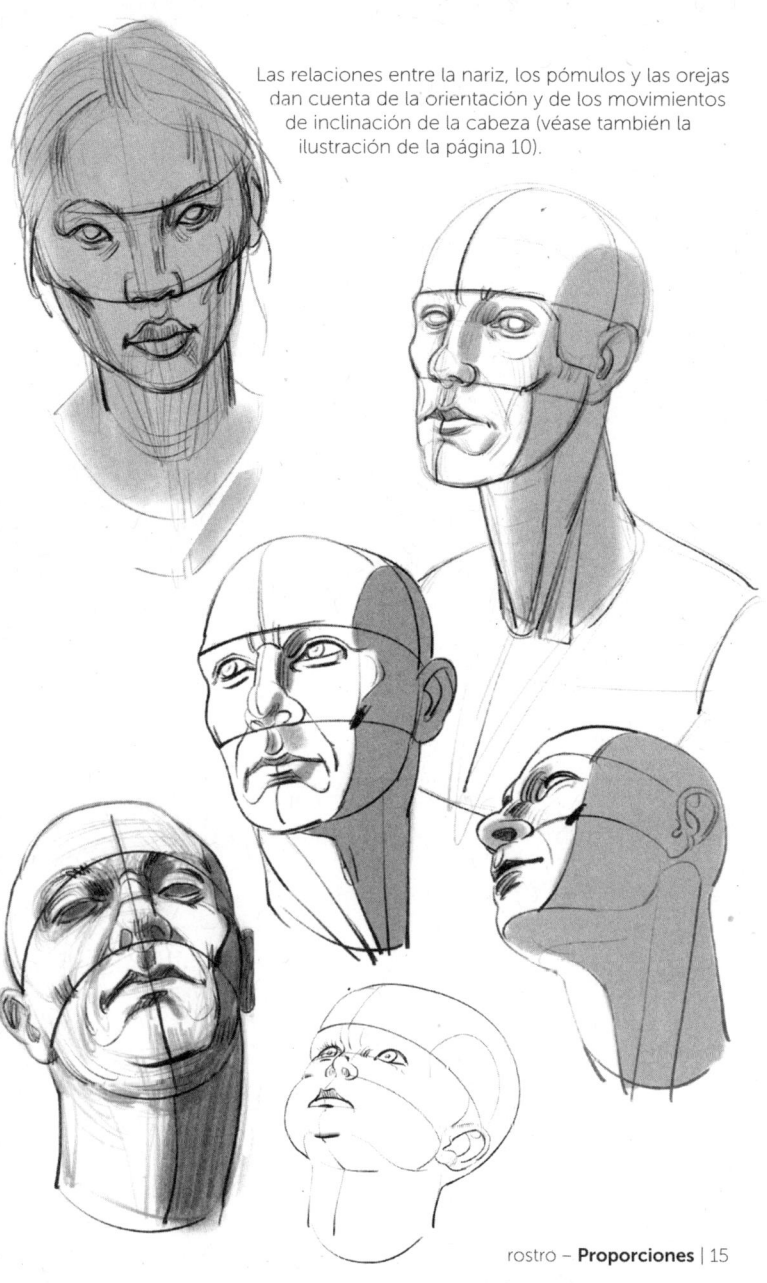

Las relaciones entre la nariz, los pómulos y las orejas dan cuenta de la orientación y de los movimientos de inclinación de la cabeza (véase también la ilustración de la página 10).

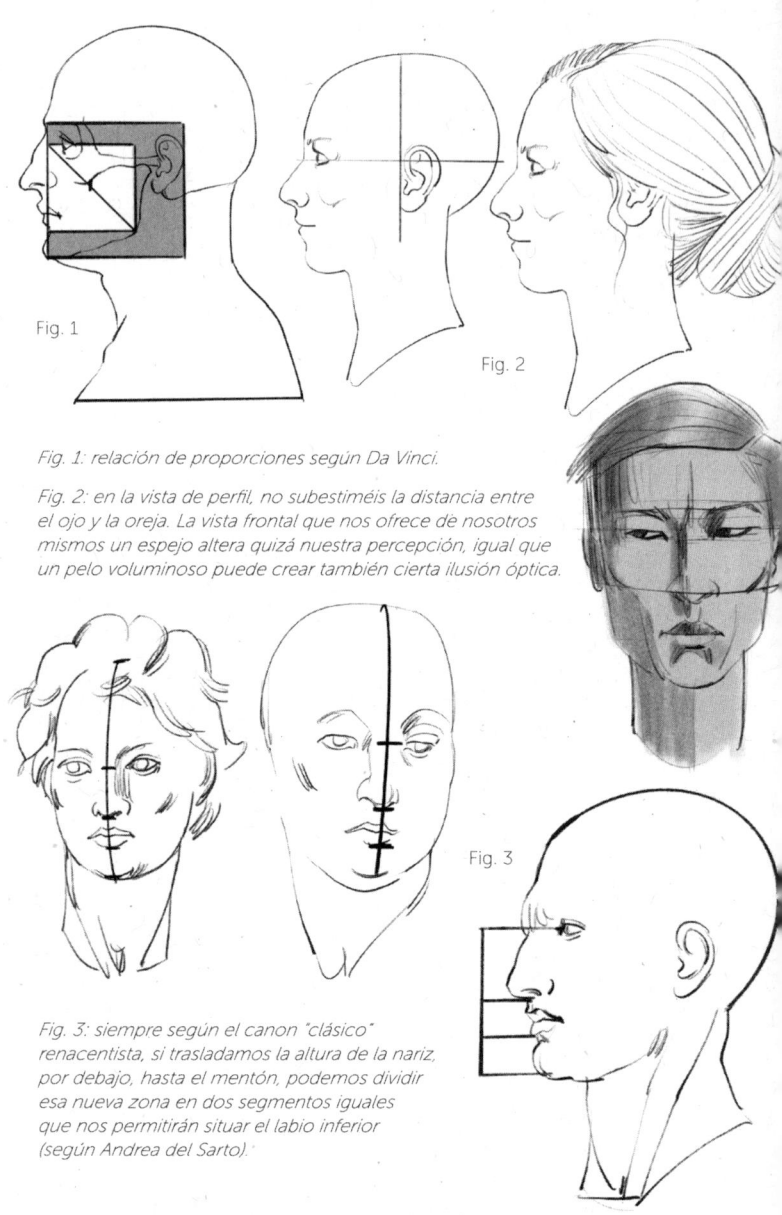

Fig. 1: relación de proporciones según Da Vinci.

Fig. 2: en la vista de perfil, no subestiméis la distancia entre el ojo y la oreja. La vista frontal que nos ofrece de nosotros mismos un espejo altera quizá nuestra percepción, igual que un pelo voluminoso puede crear también cierta ilusión óptica.

Fig. 3: siempre según el canon "clásico" renacentista, si trasladamos la altura de la nariz, por debajo, hasta el mentón, podemos dividir esa nueva zona en dos segmentos iguales que nos permitirán situar el labio inferior (según Andrea del Sarto).

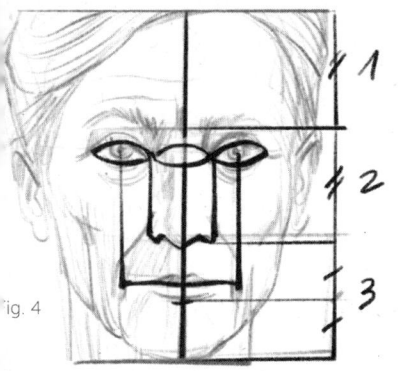

ig. 4

Fig. 4: se podría deslizar un ojo entre los dos ojos. La anchura de la nariz podría coincidir con esa proporción, mientras que las comisuras de los labios podrían situarse como si cayeran a plomo desde la mitad de cada ojo. Son solo meros recursos mnemotécnicos, pues las variaciones después serán infinitas. ¡La asimetría reina en los detalles!

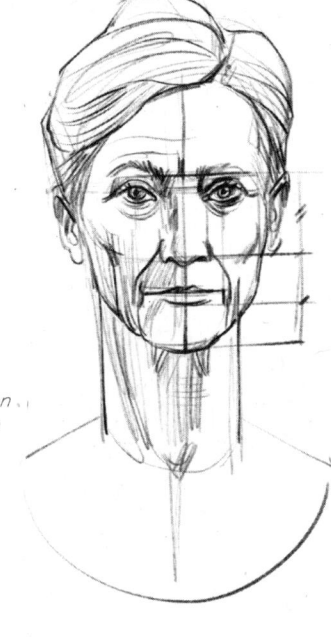

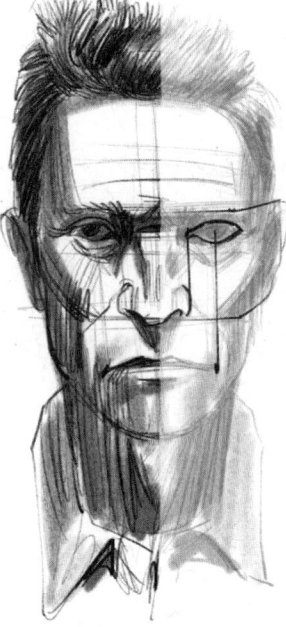

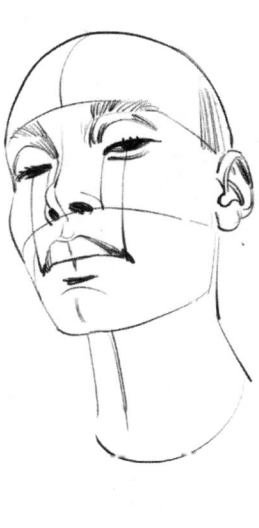

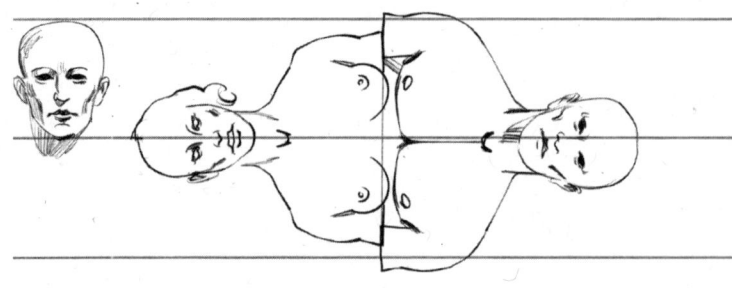

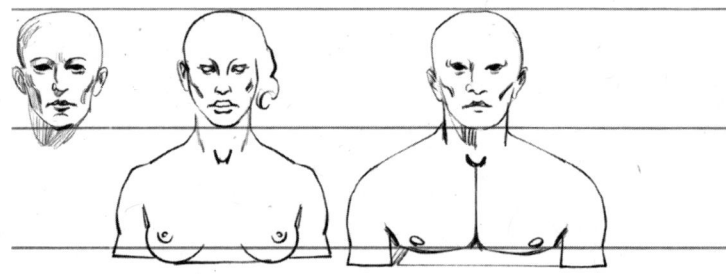

La cabeza sirve de unidad de medida en muchos cánones de proporciones (este a partir de Richer). Mantengo las relaciones de proporciones que puedan seros de utilidad si os disponéis a realizar el dibujo de un busto. Se tiende a considerar, aproximadamente, que la anchura de los hombros se corresponde, en un adulto, con dos veces la altura de la cabeza.

La cabeza es más importante en los niños. La relación de proporciones entre la cabeza y los hombros os ayudará a definir bien la edad de vuestros modelos.

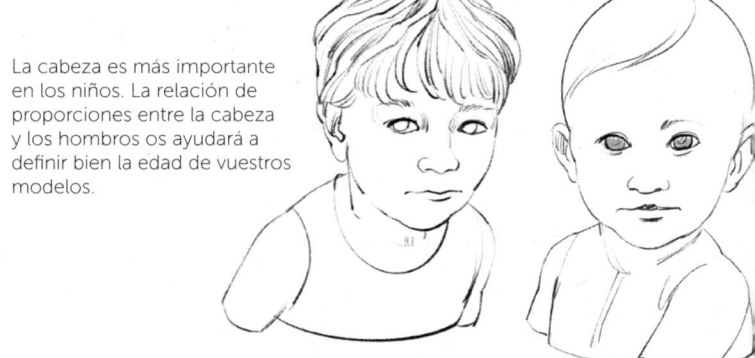

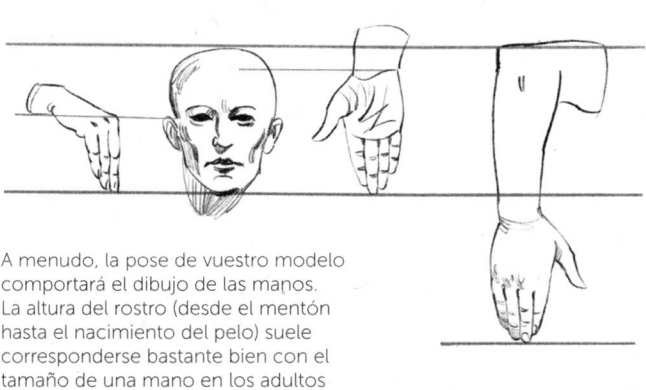

A menudo, la pose de vuestro modelo
comportará el dibujo de las manos.
La altura del rostro (desde el mentón
hasta el nacimiento del pelo) suele
corresponderse bastante bien con el
tamaño de una mano en los adultos
(según Richer).

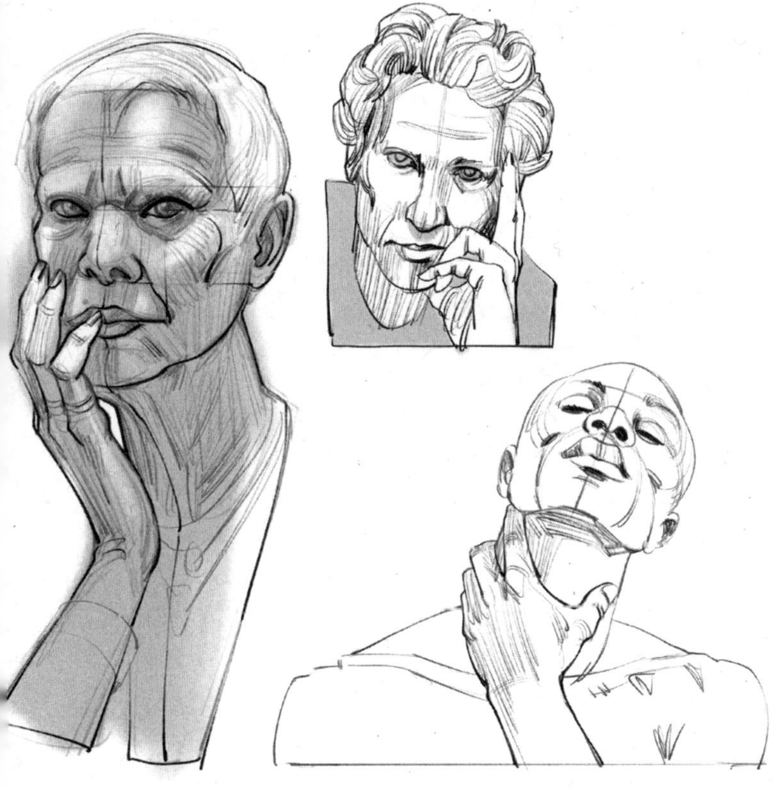

Fig. 1: la porción cervical de la columna vertebral (zona en gris) mide unos 13 cm de media en los adultos (según Mathias Duval), pero las proporciones del cuello varían mucho en apariencia. En estos cuatro dibujos, vemos cómo tienen la misma altura. Sin embargo, cuánto más estrecho sea el cuello, más largo parecerá. A estos efectos ópticos, debidos a las masas de la carne (de la grasa y/o la musculatura), debéis añadir los distintos tamaños de la mandíbula y los efectos derivados de la postura, especialmente la posición de los hombros.

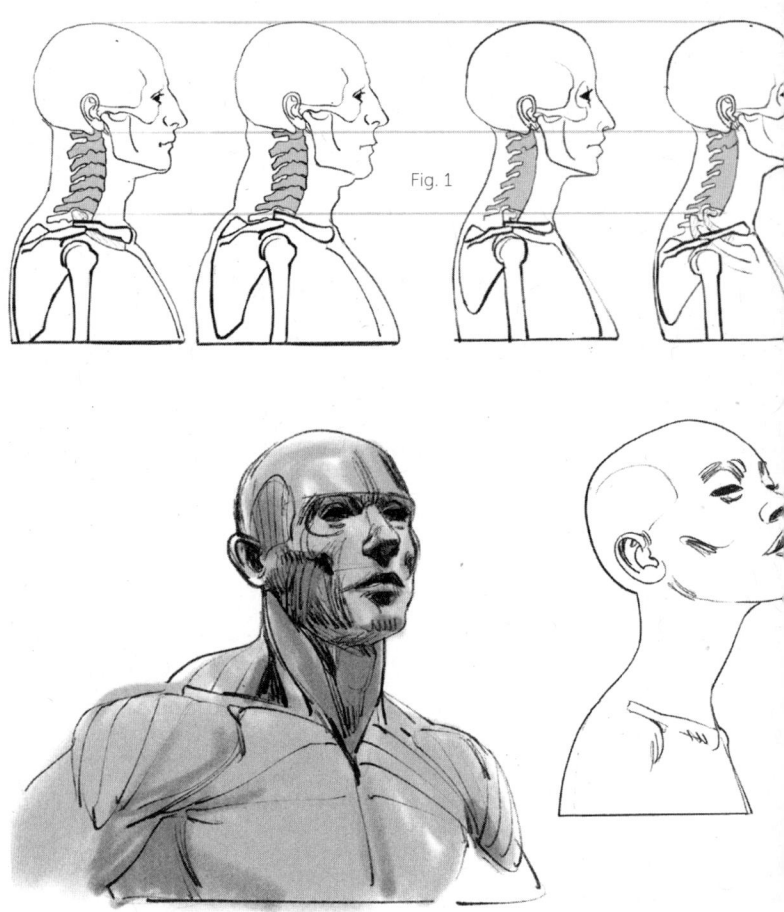

Fig. 1

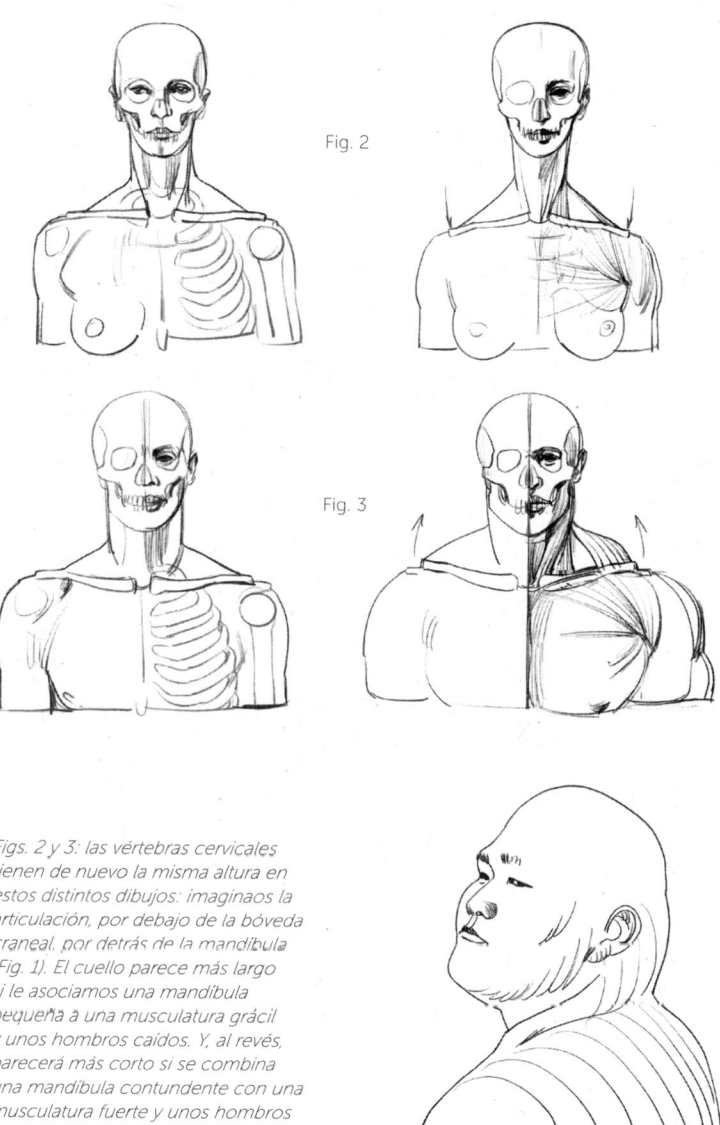

Fig. 2

Fig. 3

Figs. 2 y 3: las vértebras cervicales tienen de nuevo la misma altura en estos distintos dibujos: imaginaos la articulación, por debajo de la bóveda craneal, por detrás de la mandíbula (Fig. 1). El cuello parece más largo si le asociamos una mandíbula pequeña a una musculatura grácil y unos hombros caídos. Y, al revés, parecerá más corto si se combina una mandíbula contundente con una musculatura fuerte y unos hombros erguidos.

Fig. 1: todo estos perfiles han sido ajustados a la misma altura entre el ojo y la cima del cráneo (ojo: los tamaños por lo tanto no se han respetado. La circunferencia del cráneo del recién nacido mide una media de 33 cm, mientras que en el adulto la media oscila entre los 55 y los 60 cm). La falta de dientes, los dientes de leche y la posterior aparición de una dentición definitiva tiene un evidente impacto en las proporciones.

Fig. 1

Fig. 2: doble retrato de la misma persona con dos edades distintas (a partir de Bobby Neel Adams). El globo ocular mide una media de 17 mm al nacer y aumenta rápidamente 3,5 mm durante los primeros dieciocho meses de vida, después sigue creciendo 1 mm por año hasta la edad de 4. Su tamaño cuasi definitivo, de 23 mm, se alcanza a la edad de 15 años.

Fig. 2

Fig. 3: en un mismo croquis, hemos ido alzando la altura de los ojos y reduciéndolos un poco, de modo que el mismo personaje parece estar representado con edades distintas. En los estudios de las próximas páginas verificaremos este truco de dibujo, calcados directamente sobre fotografías.

Fig. 3

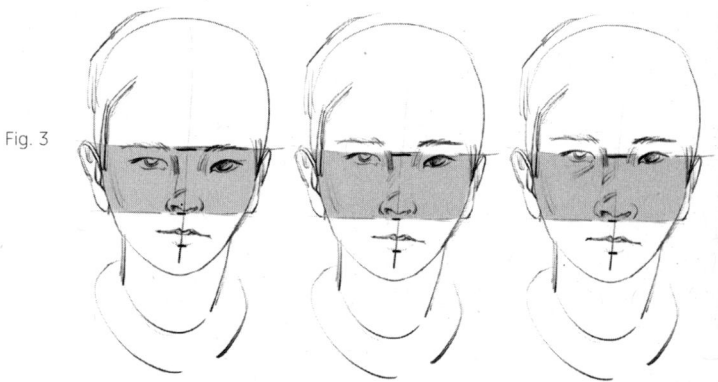

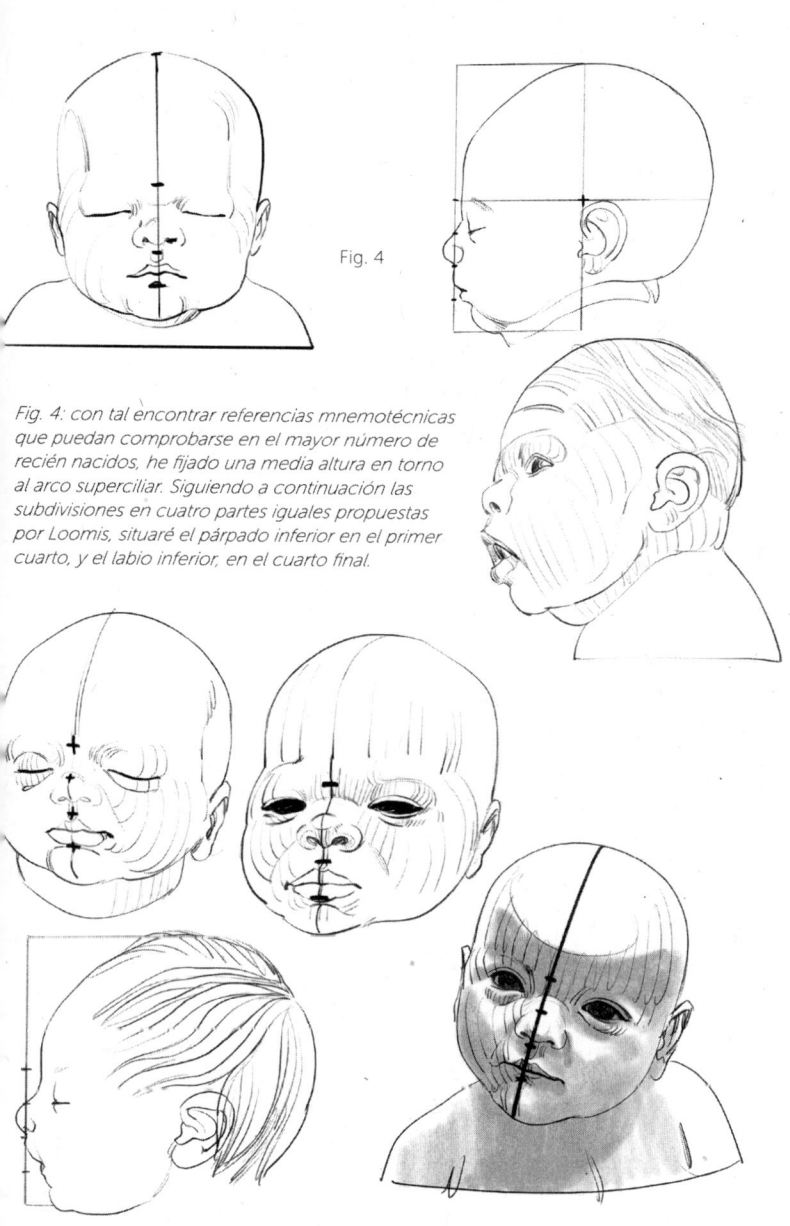

Fig. 4

Fig. 4: con tal encontrar referencias mnemotécnicas que puedan comprobarse en el mayor número de recién nacidos, he fijado una media altura en torno al arco superciliar. Siguiendo a continuación las subdivisiones en cuatro partes iguales propuestas por Loomis, situaré el párpado inferior en el primer cuarto, y el labio inferior, en el cuarto final.

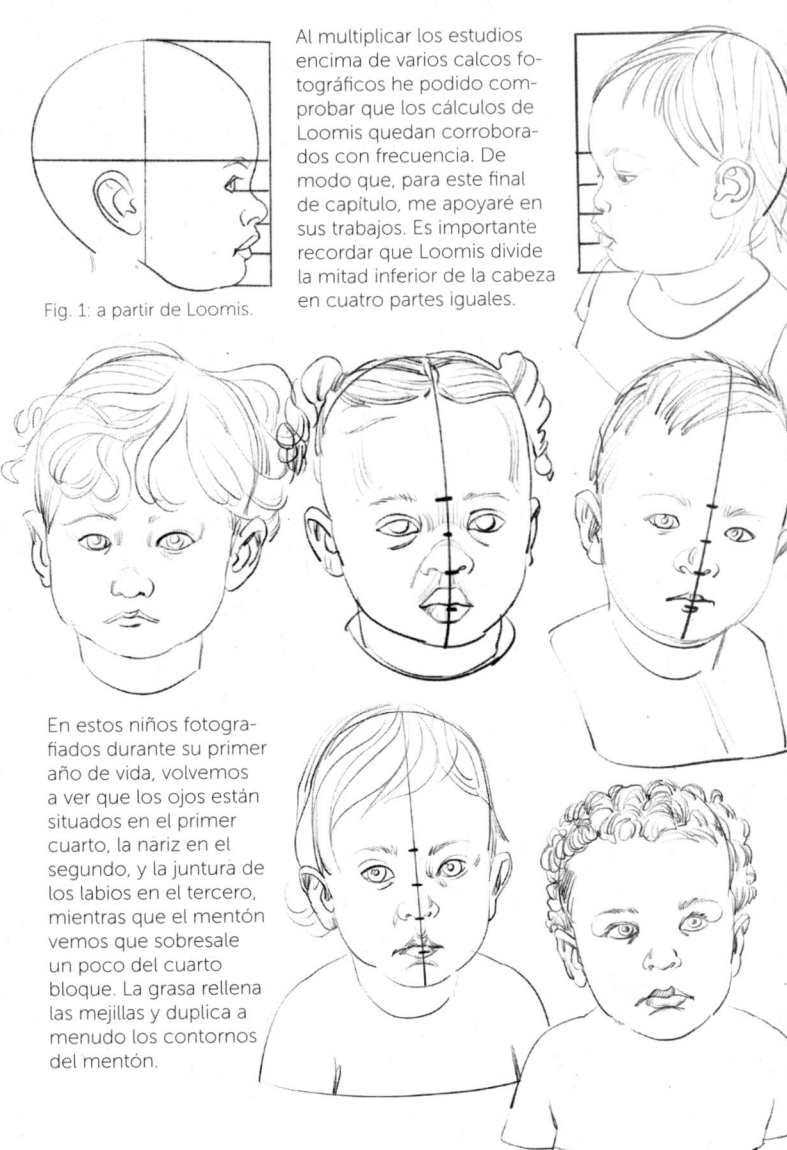

Al multiplicar los estudios encima de varios calcos fotográficos he podido comprobar que los cálculos de Loomis quedan corroborados con frecuencia. De modo que, para este final de capítulo, me apoyaré en sus trabajos. Es importante recordar que Loomis divide la mitad inferior de la cabeza en cuatro partes iguales.

Fig. 1: a partir de Loomis.

En estos niños fotografiados durante su primer año de vida, volvemos a ver que los ojos están situados en el primer cuarto, la nariz en el segundo, y la juntura de los labios en el tercero, mientras que el mentón vemos que sobresale un poco del cuarto bloque. La grasa rellena las mejillas y duplica a menudo los contornos del mentón.

A lo largo de los tres años siguientes, la mandíbula se desarrolla (la media altura de la cabeza desciende), el ojo, la nariz y la boca parecen elevarse. De este modo, el ojo se encuentra a media distancia del primer cuarto y la parte de abajo del labio inferior queda igualada con el tercer cuarto. La nariz permanece pequeña, redondeada, la parte del dorso todavía no se dibuja.

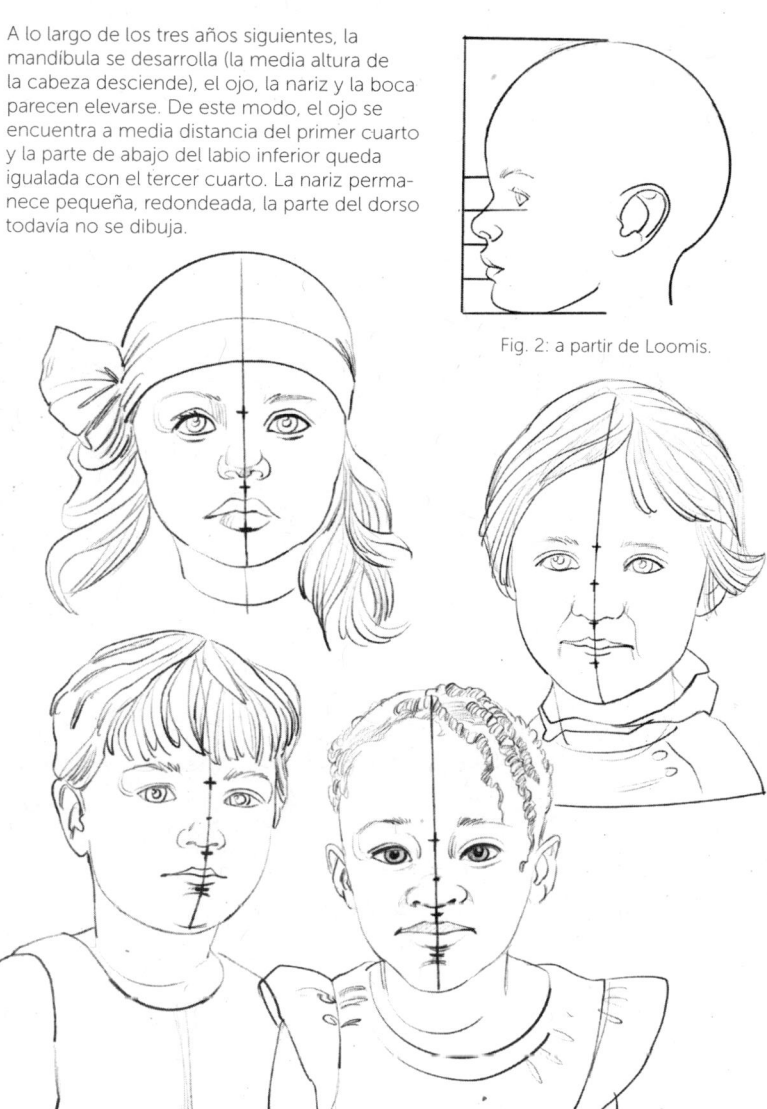

Fig. 2: a partir de Loomis.

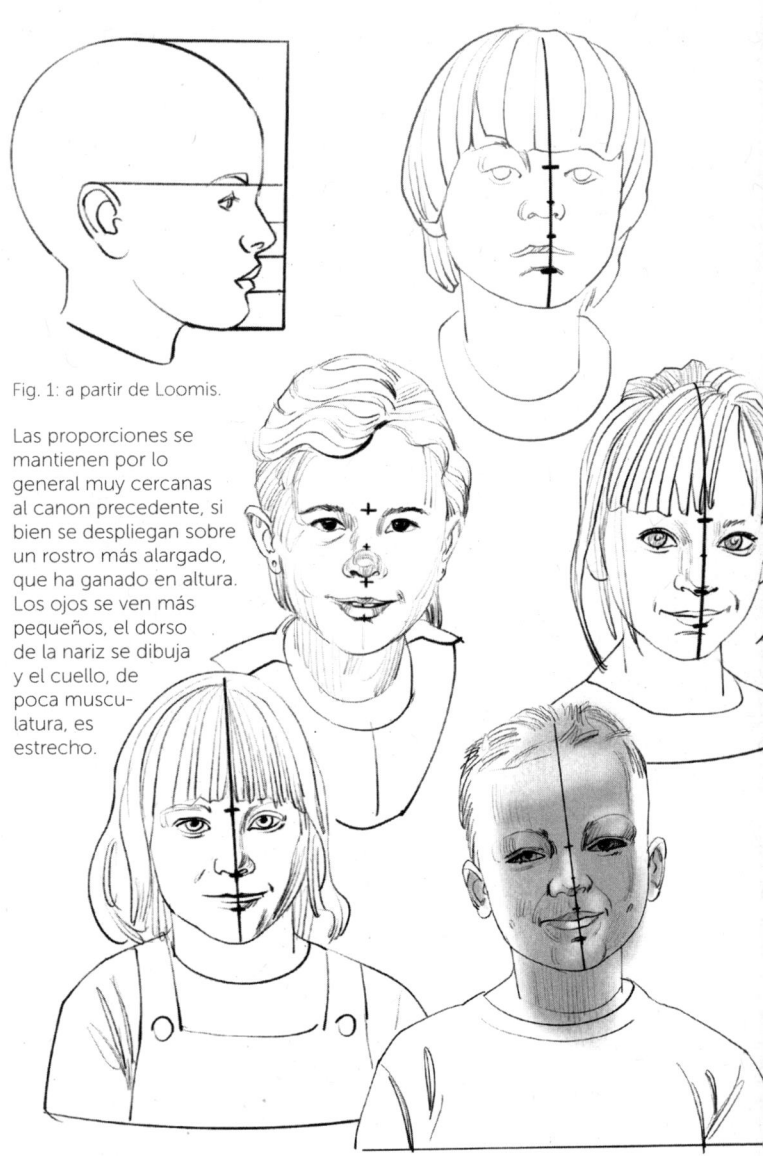

Fig. 1: a partir de Loomis.

Las proporciones se mantienen por lo general muy cercanas al canon precedente, si bien se despliegan sobre un rostro más alargado, que ha ganado en altura. Los ojos se ven más pequeños, el dorso de la nariz se dibuja y el cuello, de poca musculatura, es estrecho.

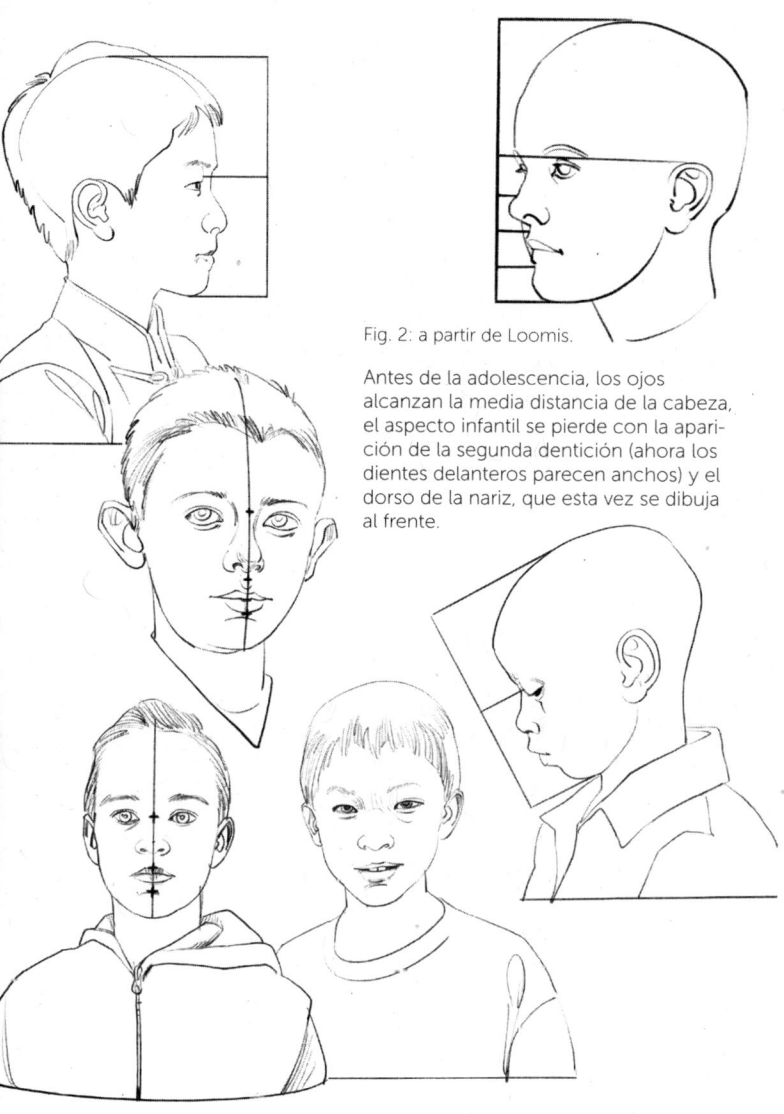

Fig. 2: a partir de Loomis.

Antes de la adolescencia, los ojos alcanzan la media distancia de la cabeza, el aspecto infantil se pierde con la aparición de la segunda dentición (ahora los dientes delanteros parecen anchos) y el dorso de la nariz, que esta vez se dibuja al frente.

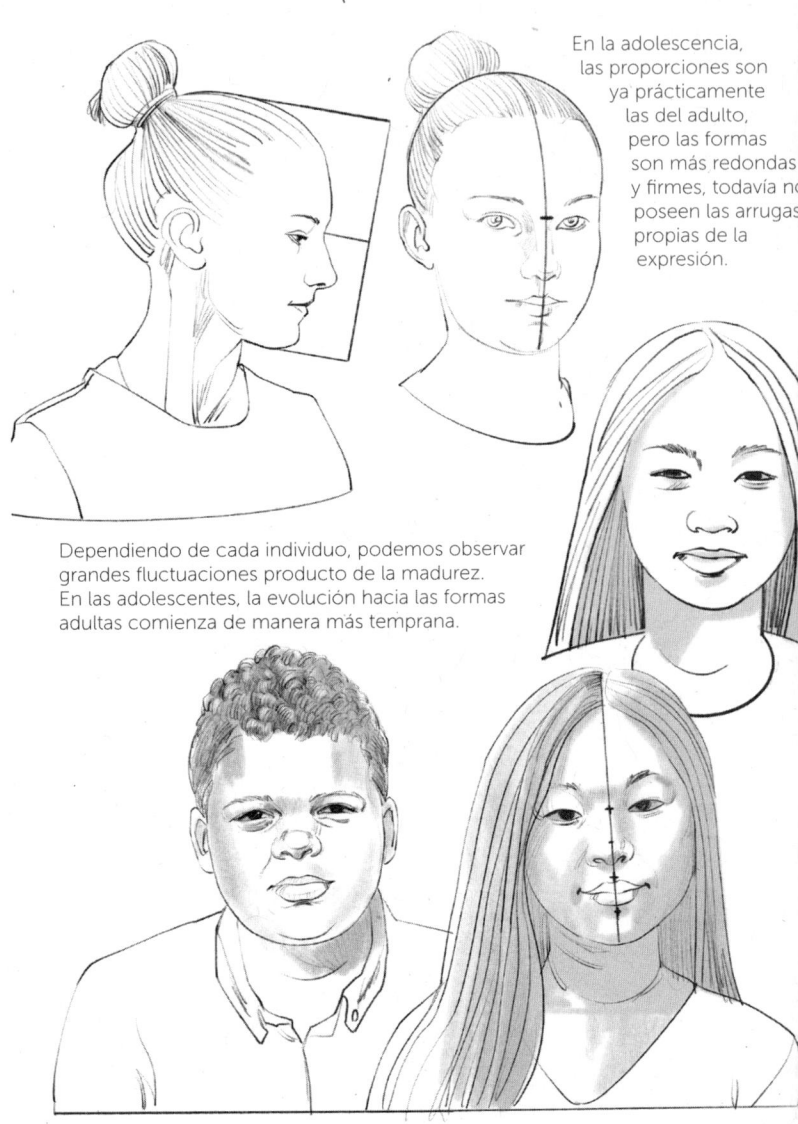

En la adolescencia, las proporciones son ya prácticamente las del adulto, pero las formas son más redondas y firmes, todavía no poseen las arrugas propias de la expresión.

Dependiendo de cada individuo, podemos observar grandes fluctuaciones producto de la madurez. En las adolescentes, la evolución hacia las formas adultas comienza de manera más temprana.

La nariz ha adquirido ya su forma, la oreja parece más pequeña, el ángulo de la mandíbula no ha alcanzado todavía su pleno desarrollo.

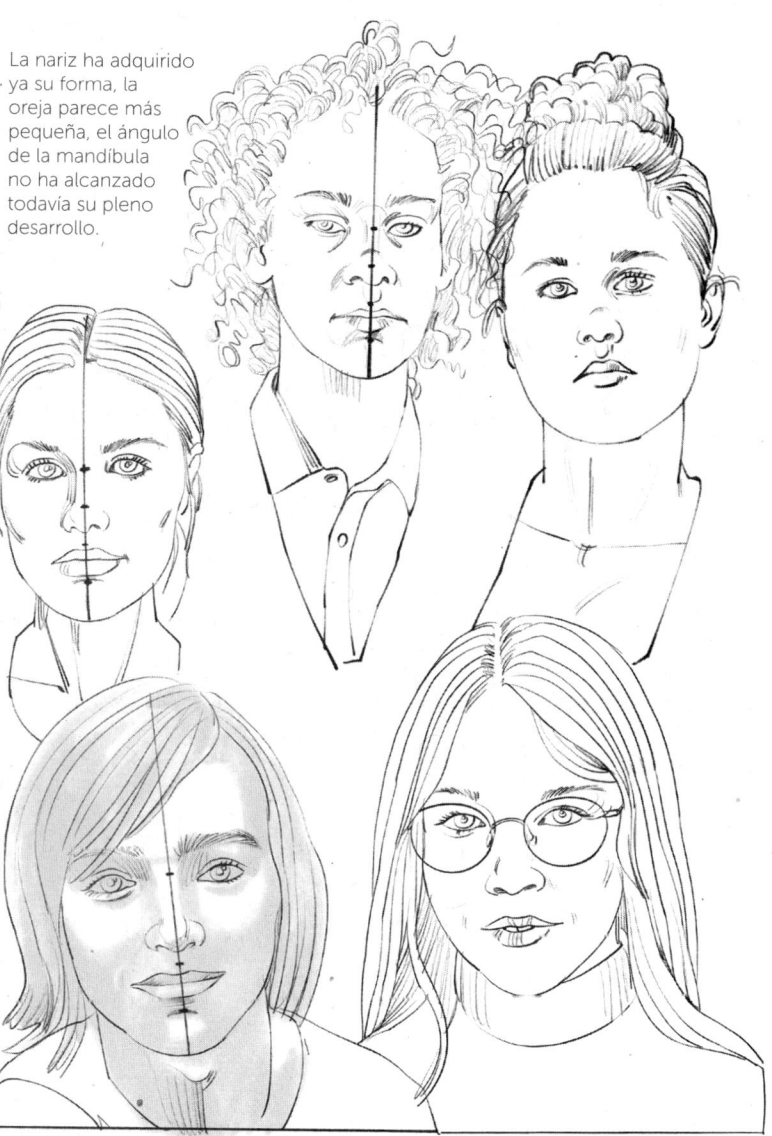

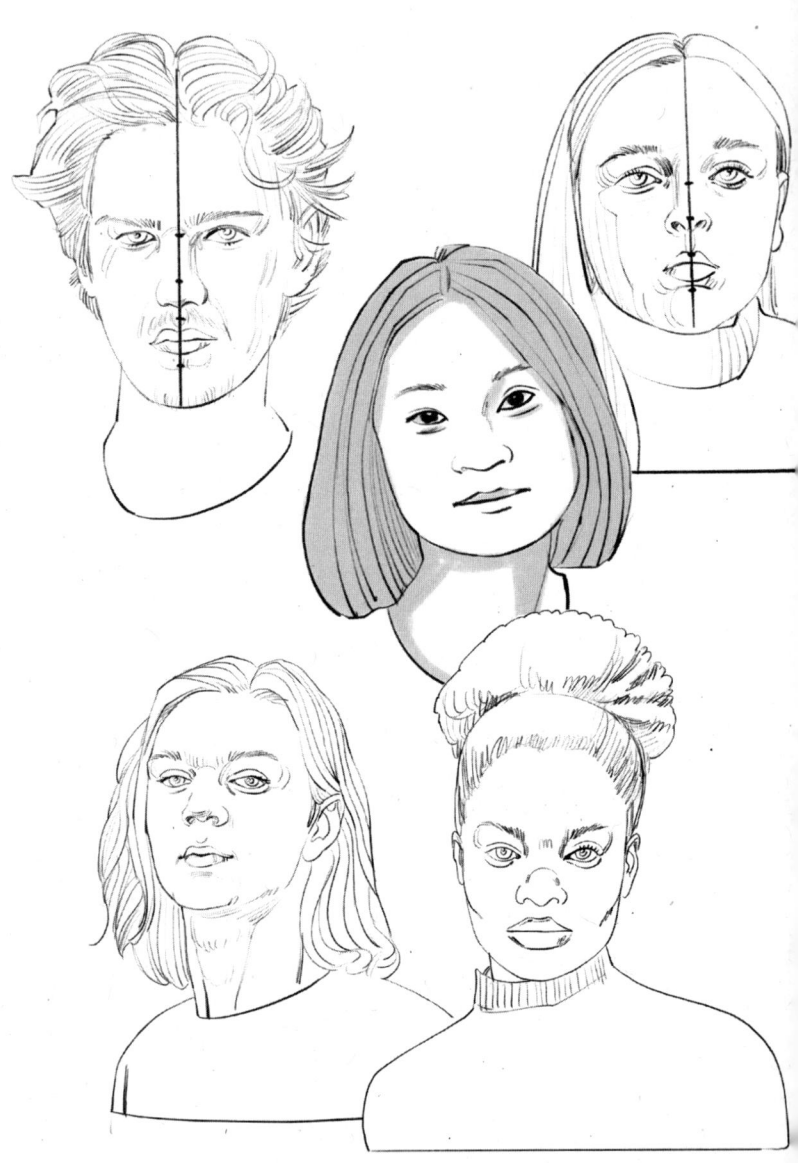

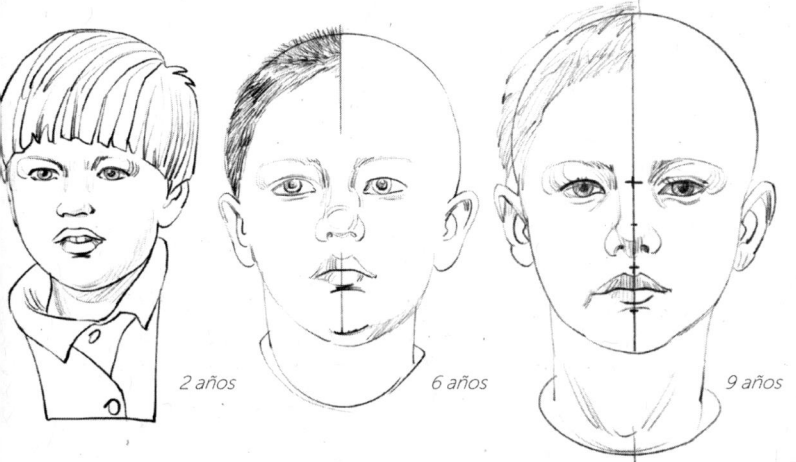

2 años   6 años   9 años

A modo de recapitulación funciona esta última lámina, que representa a la misma persona en edades distintas (a los 2, 6, 9, 11, 15 y 18 años). Podemos encontrar las formas redondeadas de la infancia temprana, el alargamiento del rostro a lo largo del tiempo, y el desarrollo de la mandíbula con la madurez.

Hemos visto más arriba que los rasgos infantiles, más empleados en el cine de animación, en el cómic, y especialmente en el género manga, se pueden verificar a partir de fotografías: una cabeza más esférica, ojos de un tamaño relativamente mayor, la punta de la nariz redondeada y un dorso de la nariz más bien discreto.

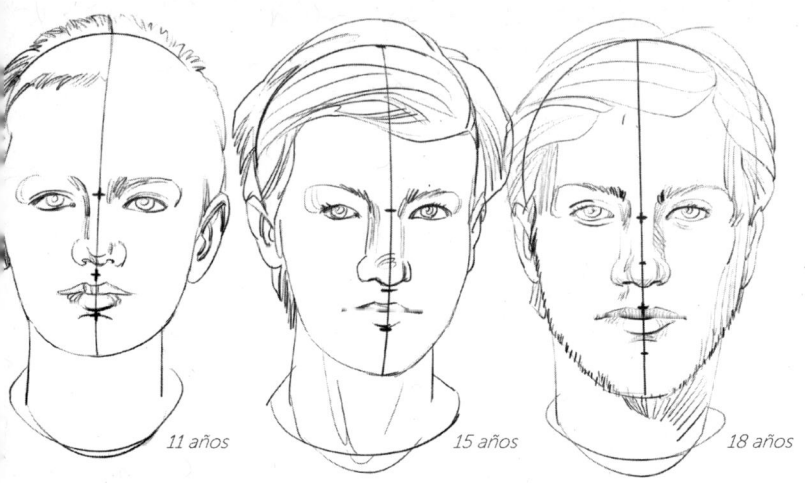

11 años   15 años   18 años

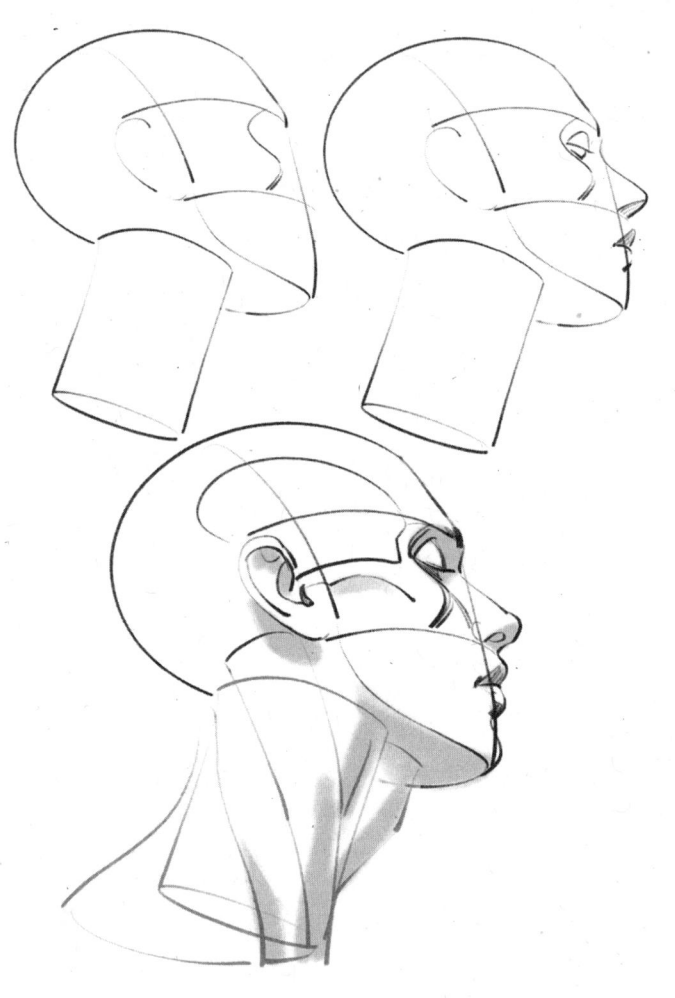

FORMAS SINTÉTICAS

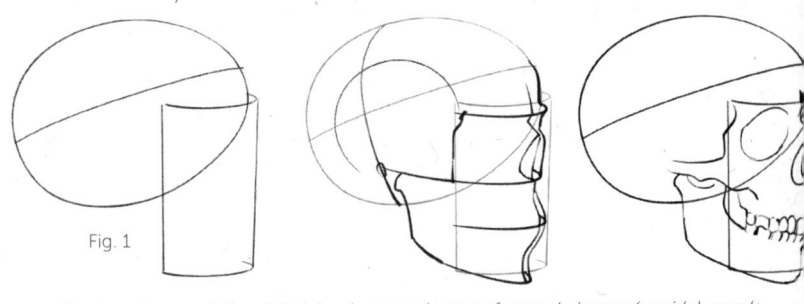

Fig. 1

Fig. 1: podemos distinguir la bóveda craneal por su forma de huevo (ovoide), con la parte superior apuntando hacia el frente. La cara, en forma de teja, con tal de no aplastar los elementos dispuestos en el rostro.

Fig. 2

Fig. 3

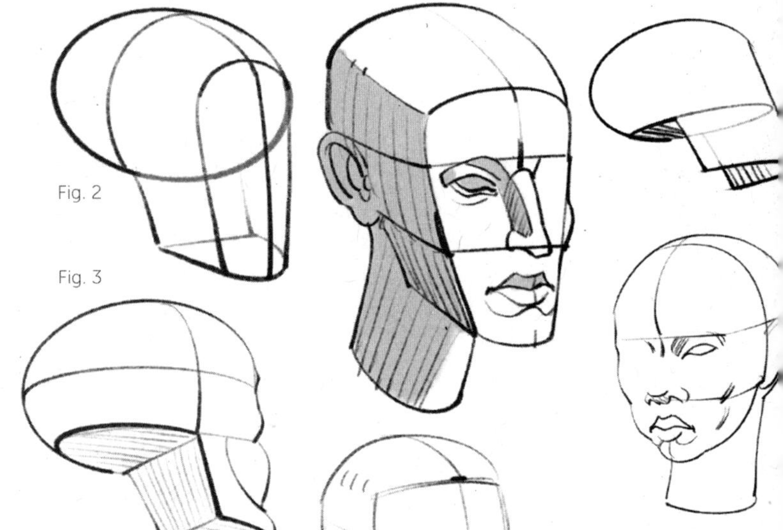

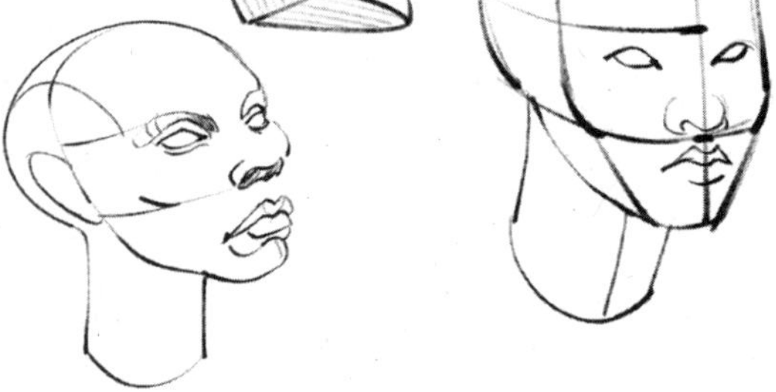

Figs. 2 y 3: hemos visto antes (página 14) que la articulación de la mandíbula está situada a media distancia por debajo de la bóveda craneal, vista esta de perfil.

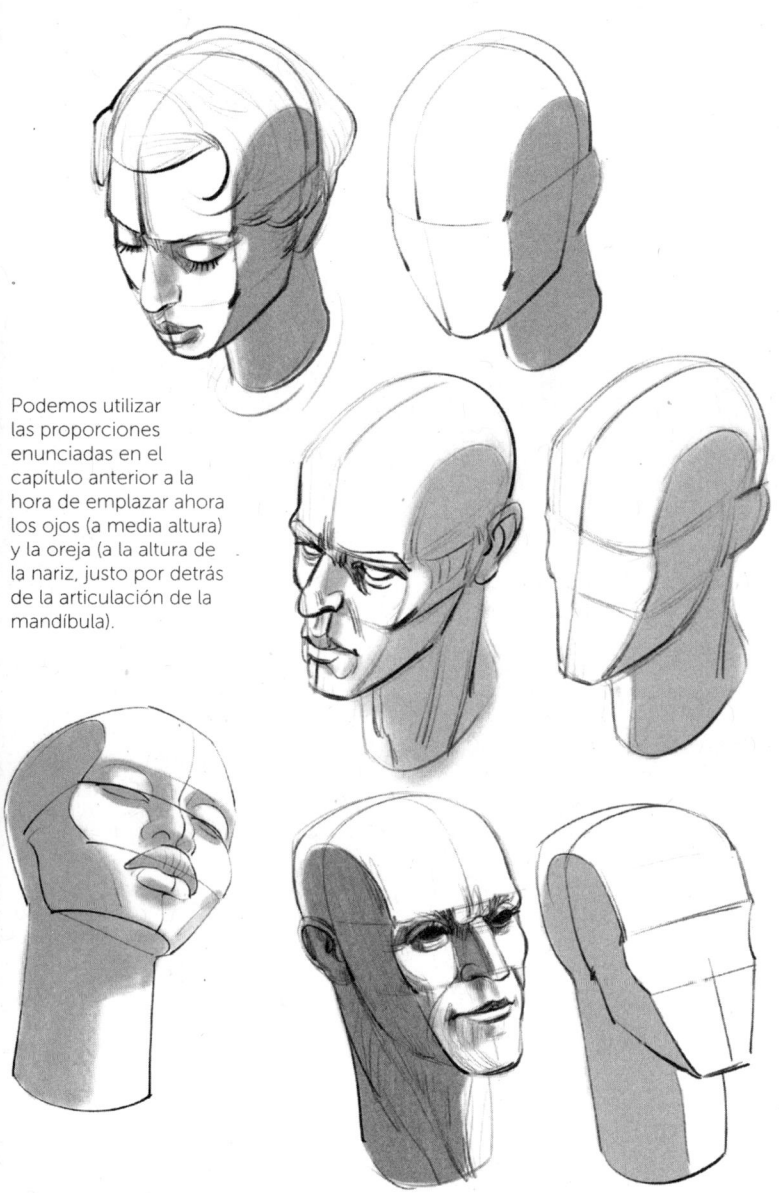

Podemos utilizar las proporciones enunciadas en el capítulo anterior a la hora de emplazar ahora los ojos (a media altura) y la oreja (a la altura de la nariz, justo por detrás de la articulación de la mandíbula).

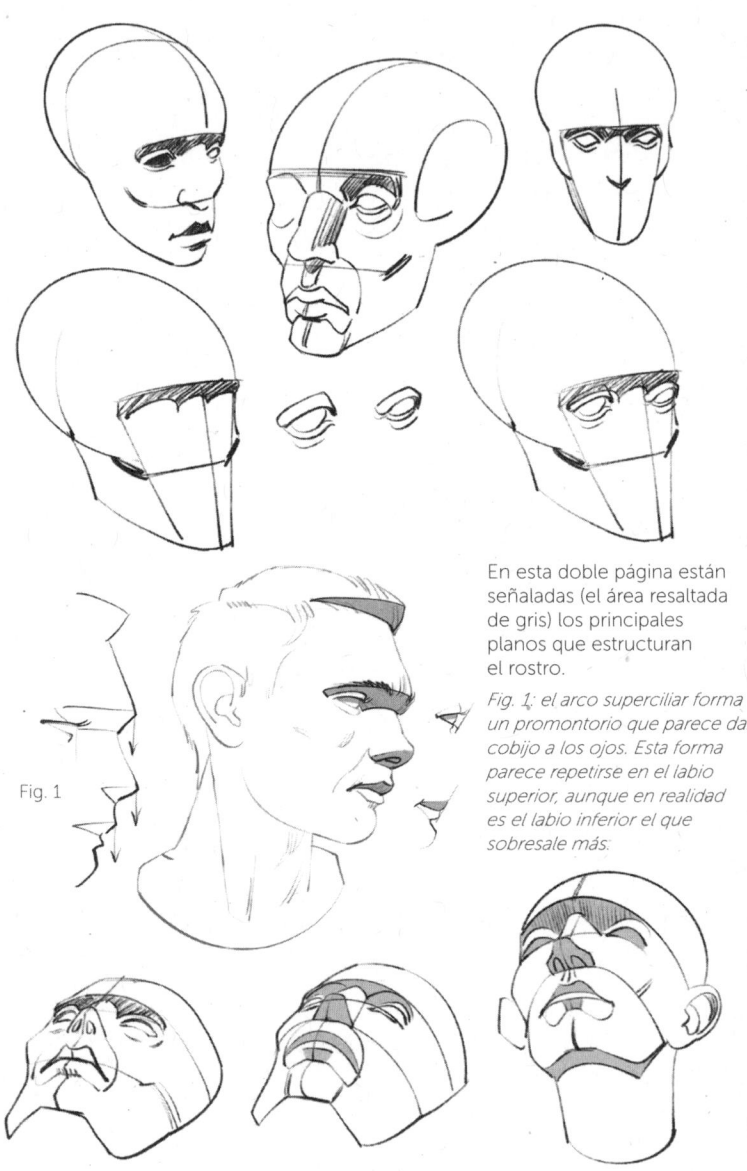

En esta doble página están señaladas (el área resaltada de gris) los principales planos que estructuran el rostro.

Fig. 1: el arco superciliar forma un promontorio que parece dar cobijo a los ojos. Esta forma parece repetirse en el labio superior, aunque en realidad es el labio inferior el que sobresale más.

Fig. 1

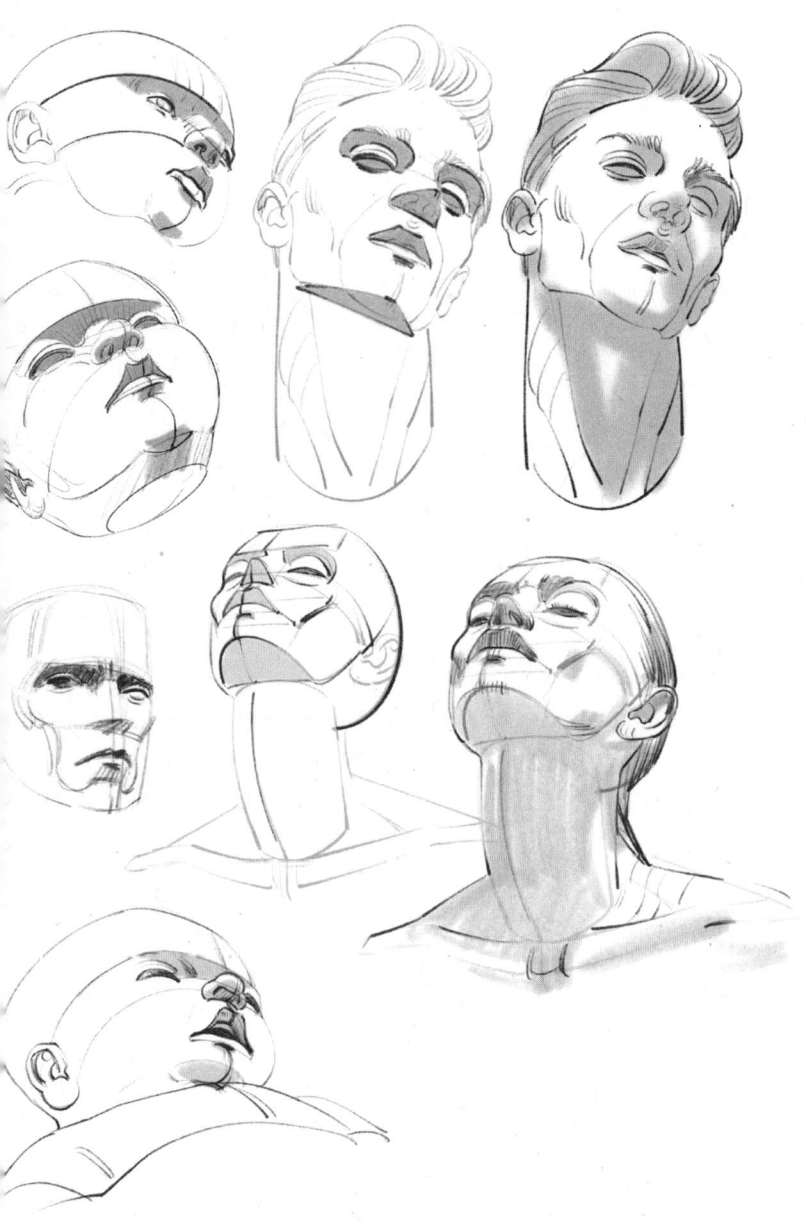

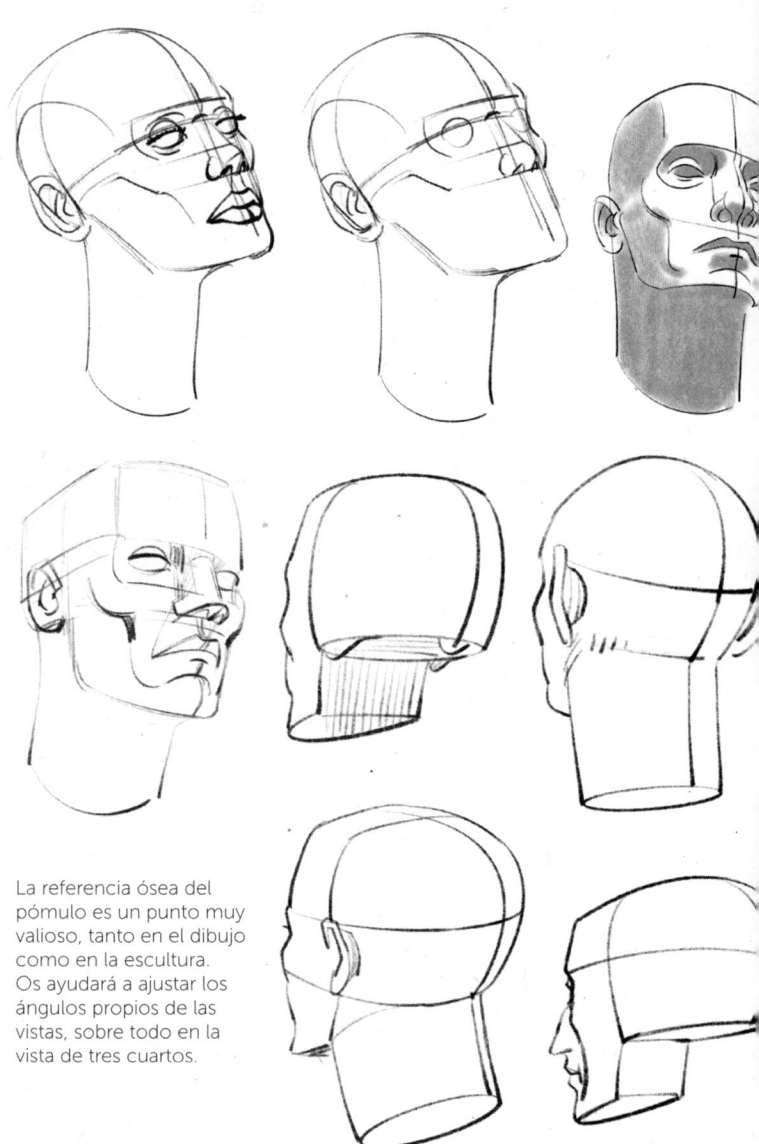

La referencia ósea del pómulo es un punto muy valioso, tanto en el dibujo como en la escultura. Os ayudará a ajustar los ángulos propios de las vistas, sobre todo en la vista de tres cuartos.

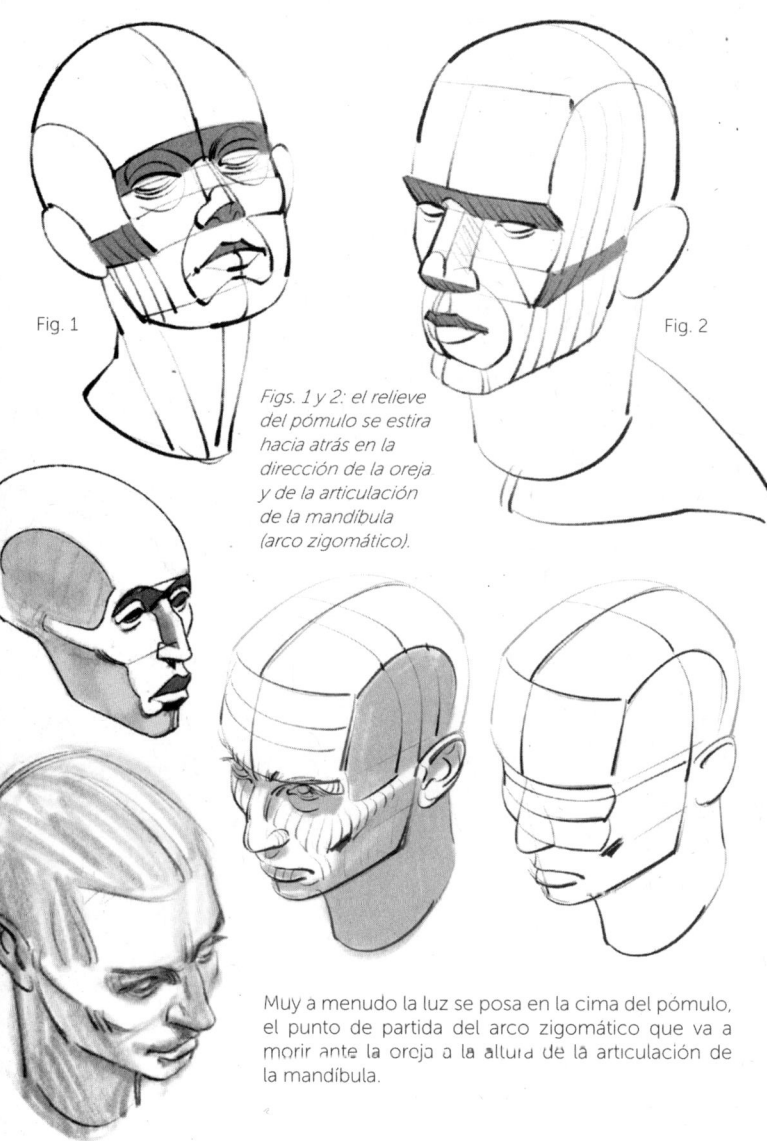

Fig. 1

Fig. 2

*Figs. 1 y 2: el relieve
del pómulo se estira
hacia atrás en la
dirección de la oreja
y de la articulación
de la mandíbula
(arco zigomático).*

Muy a menudo la luz se posa en la cima del pómulo,
el punto de partida del arco zigomático que va a
morir ante la oreja a la altura de la articulación de
la mandíbula.

Ciertos accesorios, como los que hemos escogido en esta página, otorgan una mayor legibilidad a los volúmenes del cuerpo. La elasticidad de un gorro (Fig. 1) abraza y resalta la rotundidad de la cabeza; la geometría de unas gafas (Fig. 1), por contraste, permite revelar los volúmenes curvos del rostro; la ergonomía de un chupete (Fig. 2) abraza el arco circular de la boca.

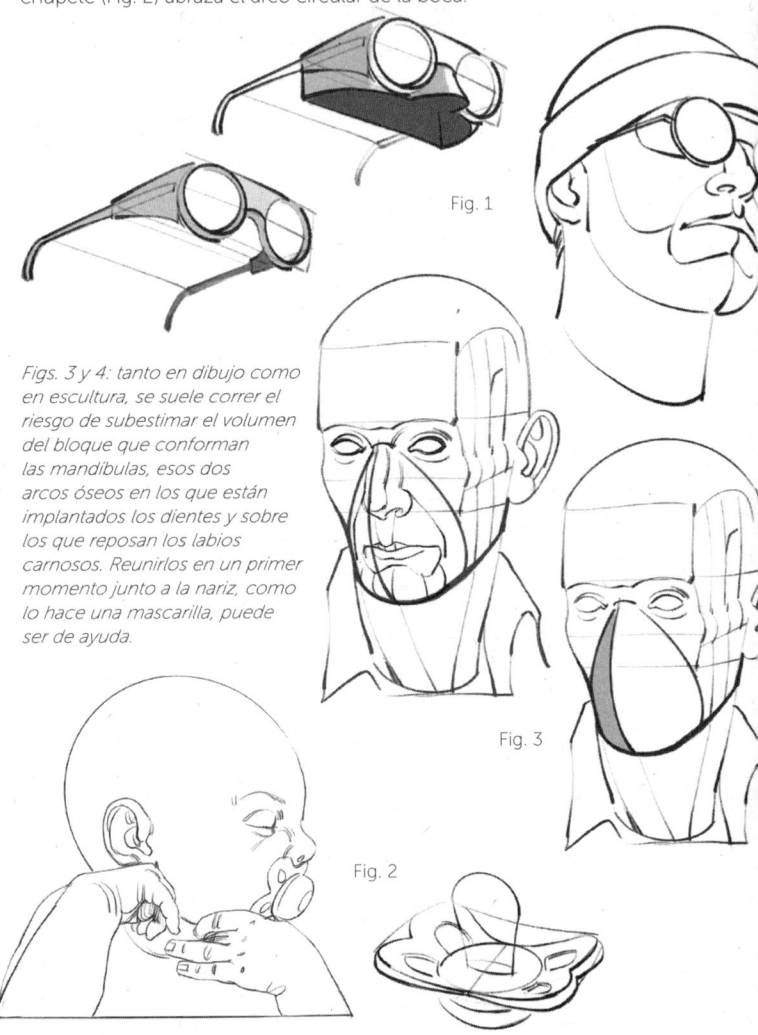

Fig. 1

Figs. 3 y 4: tanto en dibujo como en escultura, se suele correr el riesgo de subestimar el volumen del bloque que conforman las mandíbulas, esos dos arcos óseos en los que están implantados los dientes y sobre los que reposan los labios carnosos. Reunirlos en un primer momento junto a la nariz, como lo hace una mascarilla, puede ser de ayuda.

Fig. 3

Fig. 2

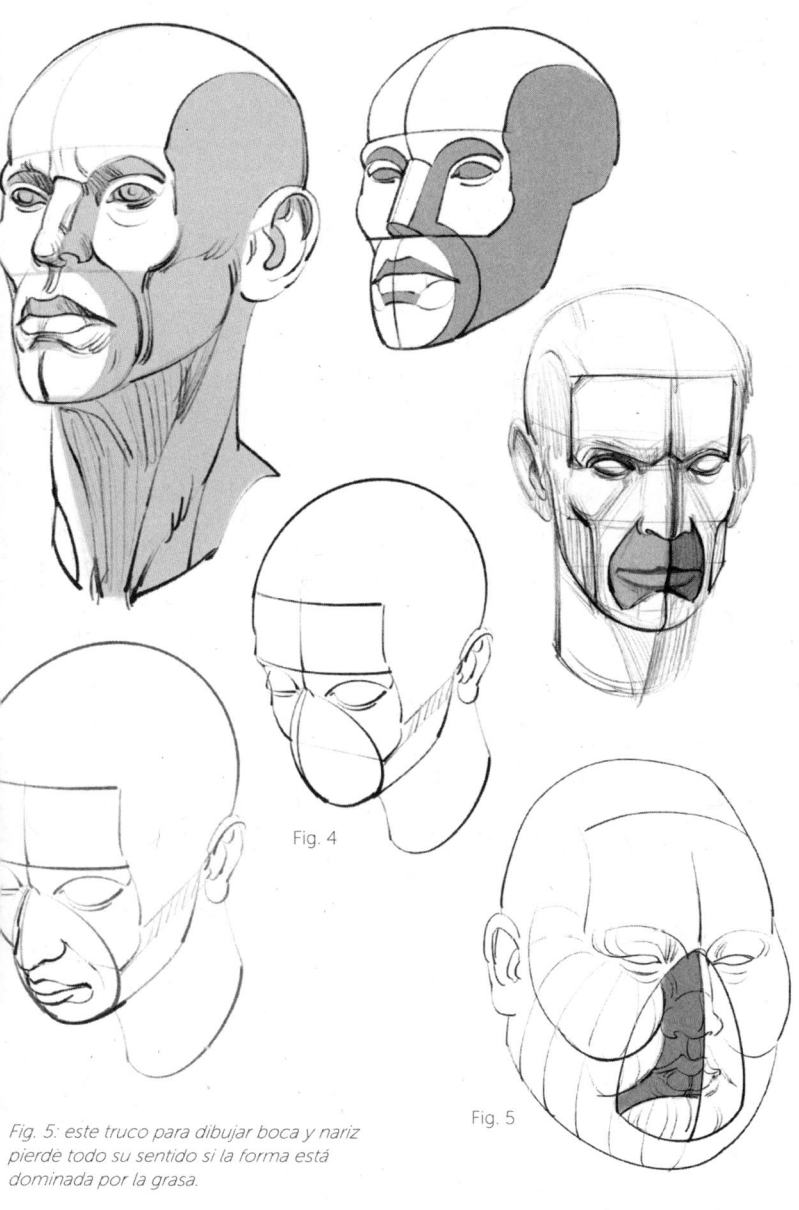

Fig. 4

Fig. 5

Fig. 5: este truco para dibujar boca y nariz pierde todo su sentido si la forma está dominada por la grasa.

Estos dibujos tienen el objetivo de ayudaros durante la realización de un busto.

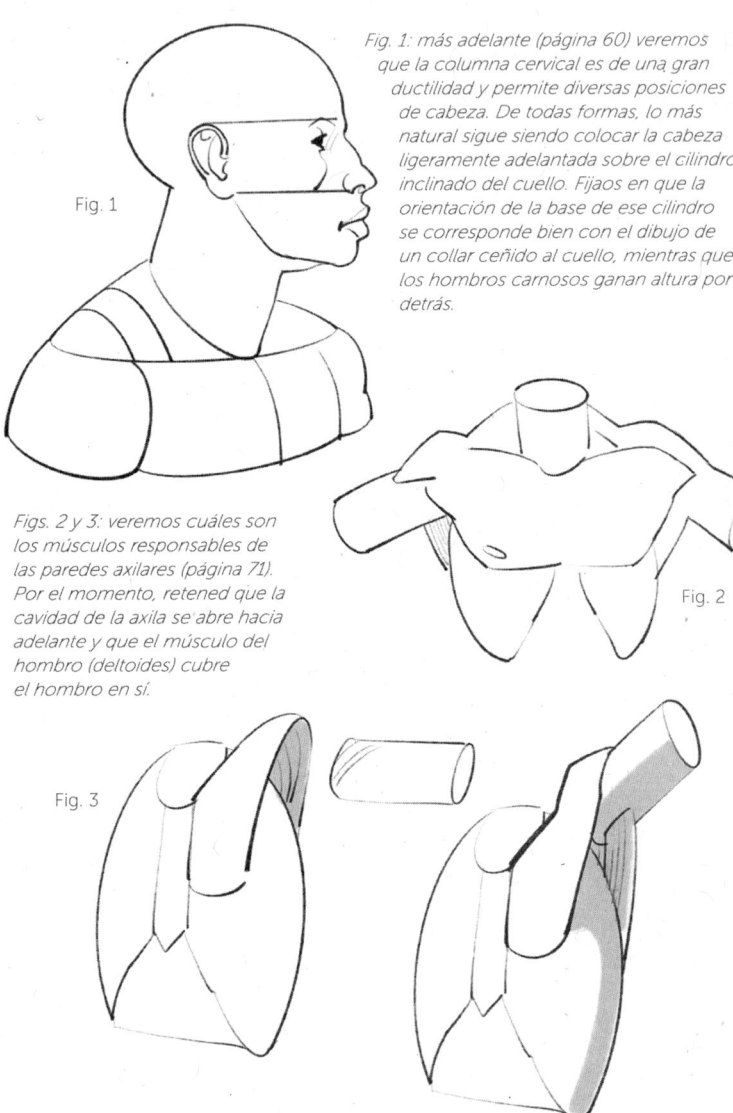

Fig. 1

Fig. 1: más adelante (página 60) veremos que la columna cervical es de una gran ductilidad y permite diversas posiciones de cabeza. De todas formas, lo más natural sigue siendo colocar la cabeza ligeramente adelantada sobre el cilindro inclinado del cuello. Fijaos en que la orientación de la base de ese cilindro se corresponde bien con el dibujo de un collar ceñido al cuello, mientras que los hombros carnosos ganan altura por detrás.

Figs. 2 y 3: veremos cuáles son los músculos responsables de las paredes axilares (página 71). Por el momento, retened que la cavidad de la axila se abre hacia adelante y que el músculo del hombro (deltoides) cubre el hombro en sí.

Fig. 2

Fig. 3

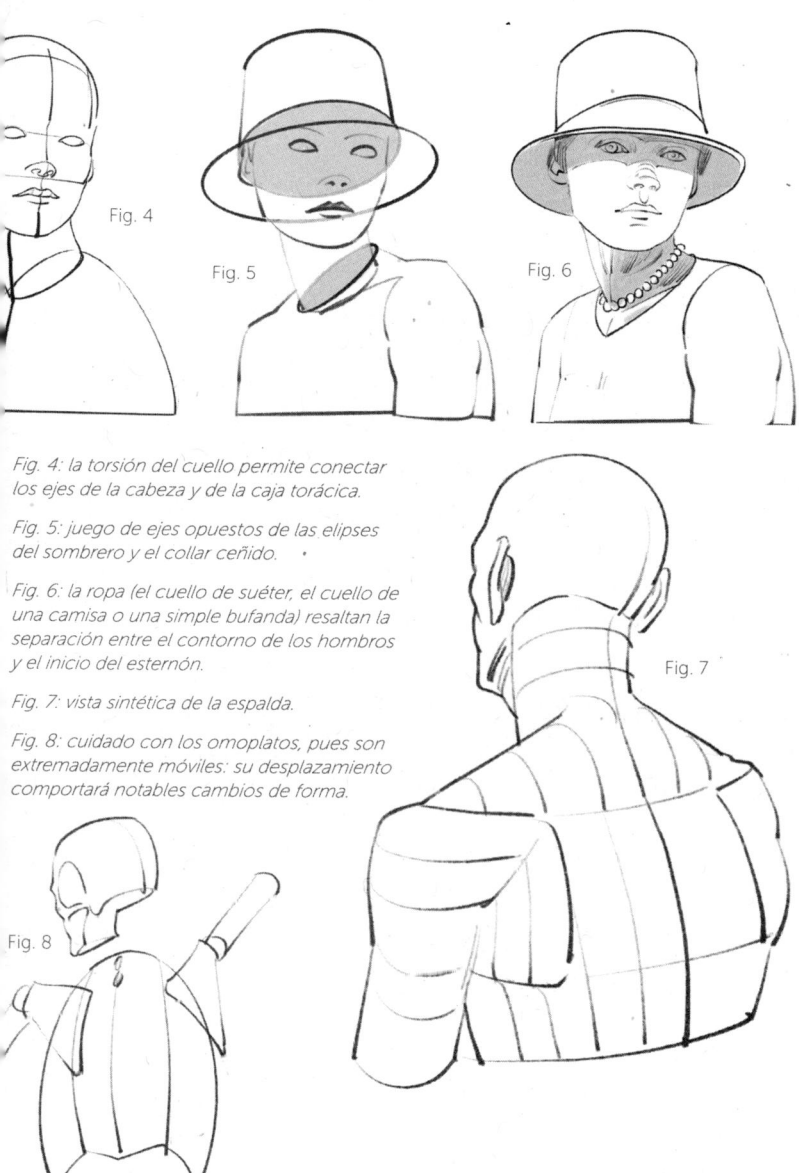

Fig. 4: la torsión del cuello permite conectar los ejes de la cabeza y de la caja torácica.

Fig. 5: juego de ejes opuestos de las elipses del sombrero y el collar ceñido.

Fig. 6: la ropa (el cuello de suéter, el cuello de una camisa o una simple bufanda) resaltan la separación entre el contorno de los hombros y el inicio del esternón.

Fig. 7: vista sintética de la espalda.

Fig. 8: cuidado con los omoplatos, pues son extremadamente móviles: su desplazamiento comportará notables cambios de forma.

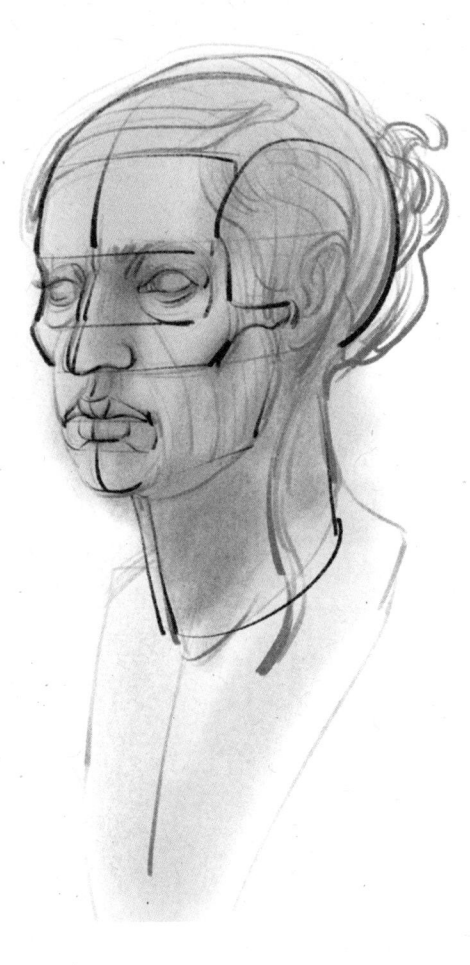

ESQUELETO Y
REFERENCIAS ÓSEAS

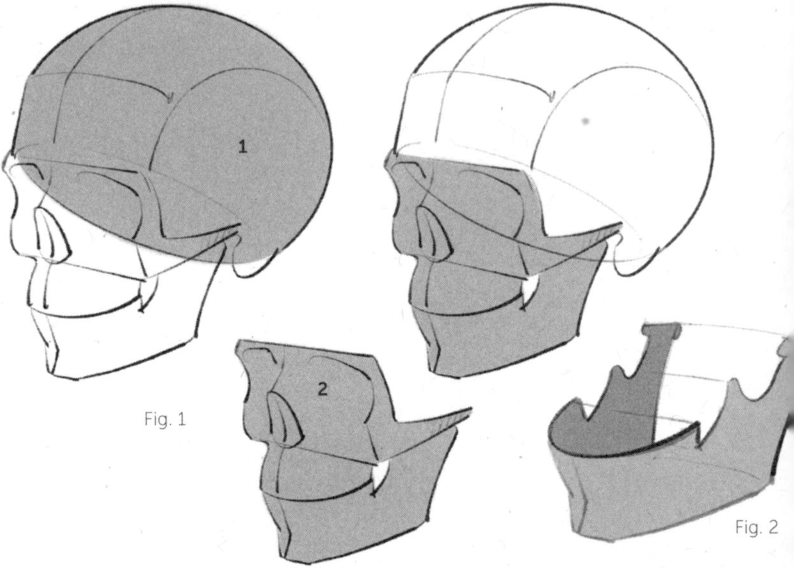

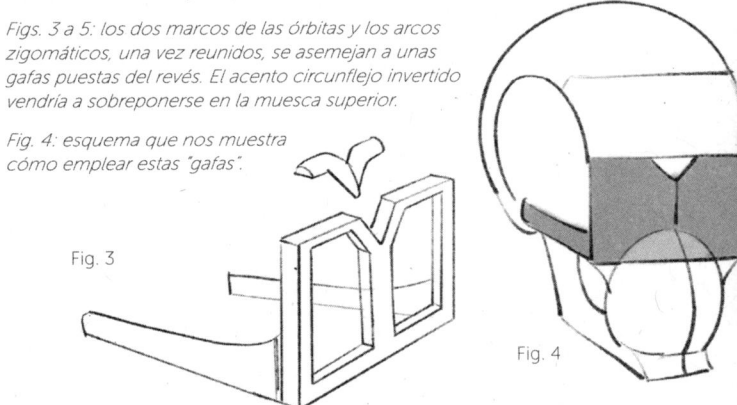

Fig. 1: sección del cráneo, partido en tres elementos. La bóveda craneal, verdadero exoesqueleto ovoide, envuelve y protege el cerebro (1). Los huesos de la cara están encajados debajo de la frente, y las fosas orbitales y nasales sobrevuelan los dos arcos óseos que soportan los dientes (2).

Fig. 2: el hueso maxilar (mandíbula), el único hueso móvil del cráneo, sobresale de este conjunto.

Figs. 3 a 5: los dos marcos de las órbitas y los arcos zigomáticos, una vez reunidos, se asemejan a unas gafas puestas del revés. El acento circunflejo invertido vendría a sobreponerse en la muesca superior.

Fig. 4: esquema que nos muestra cómo emplear estas "gafas".

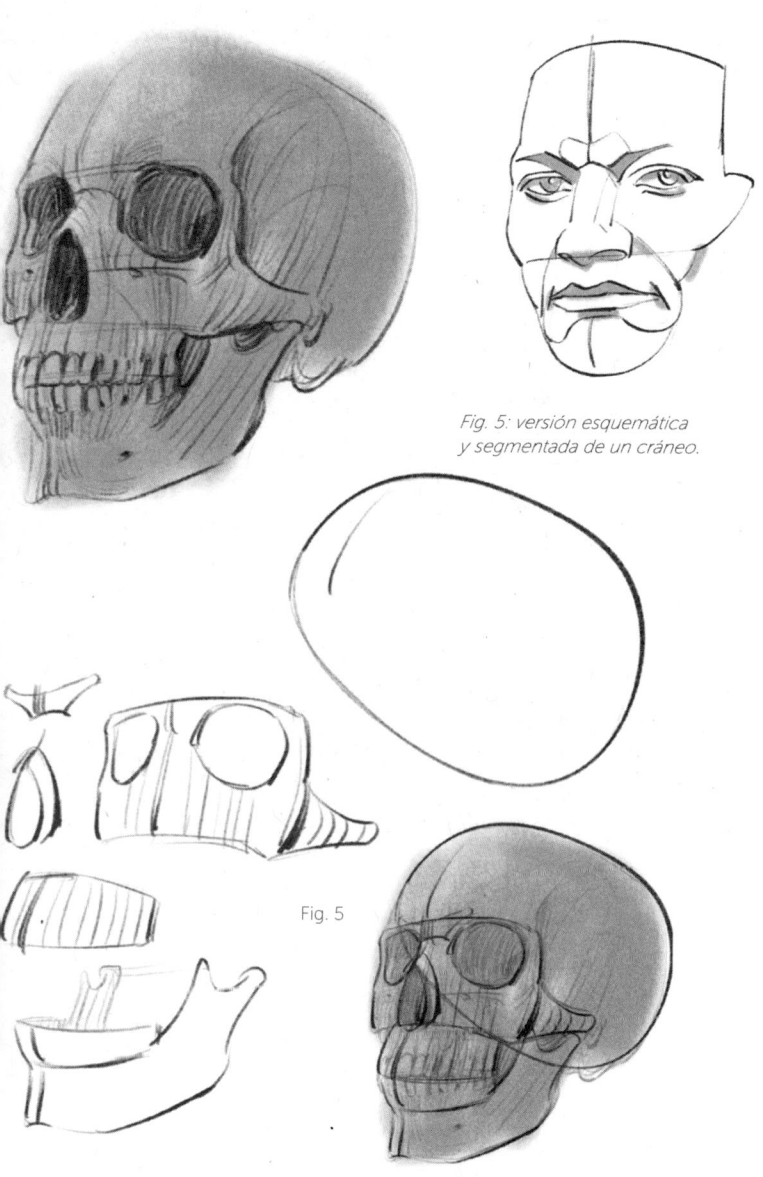

Fig. 5: versión esquemática y segmentada de un cráneo.

Fig. 5

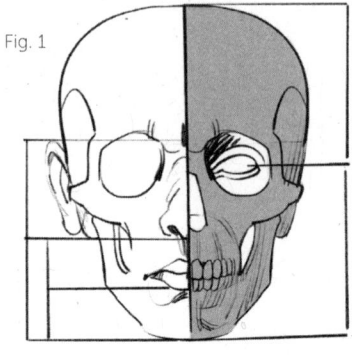

Fig. 1: las proporciones que hemos visto en el primer capítulo nos van a servir para situar de nuevo los distintos puntos de construcción del cráneo: Los ojos a media altura nos permiten dibujar el marco orbital, la nariz coincide con la fosa nasal, los labios se encuentran supuestamente a media altura frente a los incisivos superiores.

Fig. 2: de perfil, la articulación del maxilar inferior se encuentra a media distancia, y la oreja se ubica sobre la cavidad auditiva, a la altura de la nariz.

Fijaos que, visto el cráneo de perfil, medio globo ocular sobresale del marco orbital.

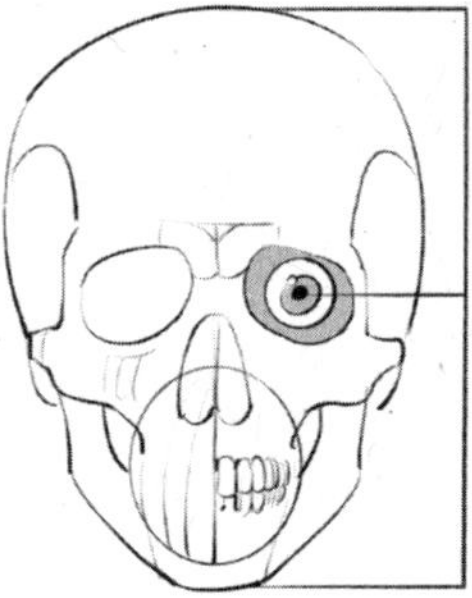

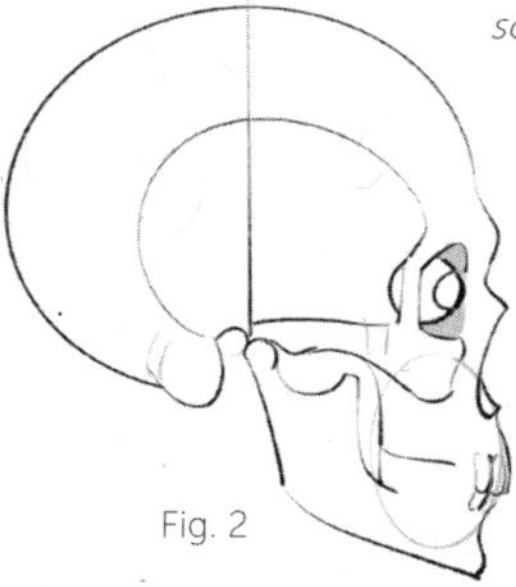

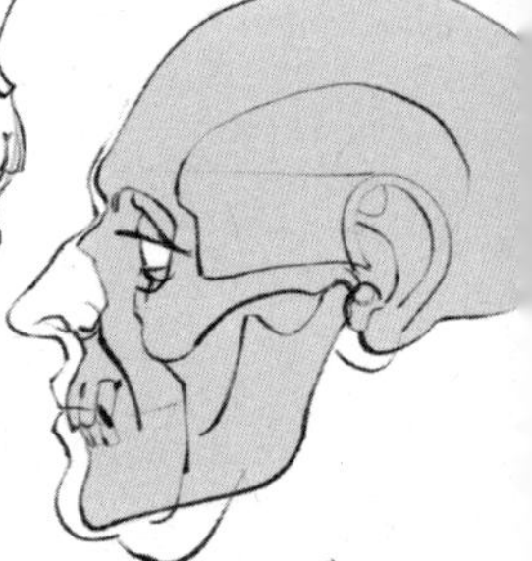

Fig. 2

Fig. 3: la articulación del maxilar inferior (en la zona indicada por las flechas) en el cráneo visto de perfil y visto por debajo.

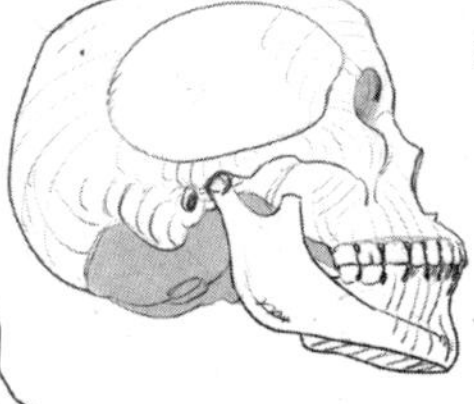

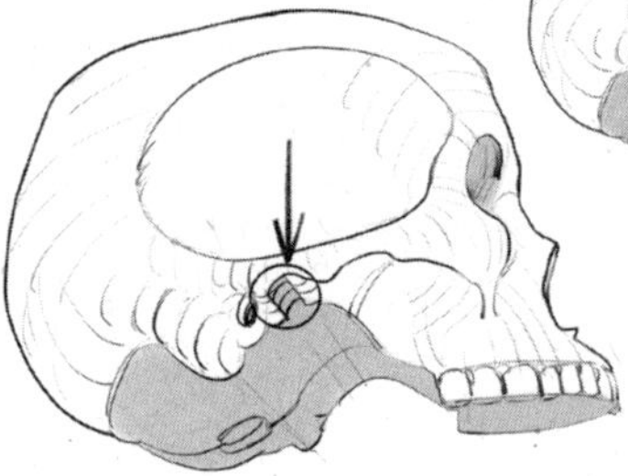

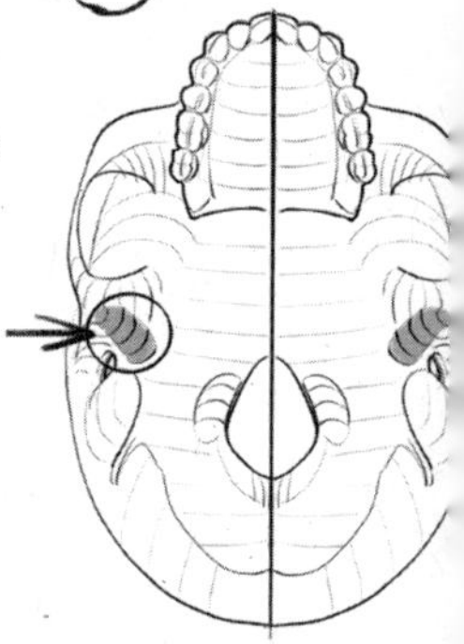

Fig. 3

Fig. 4

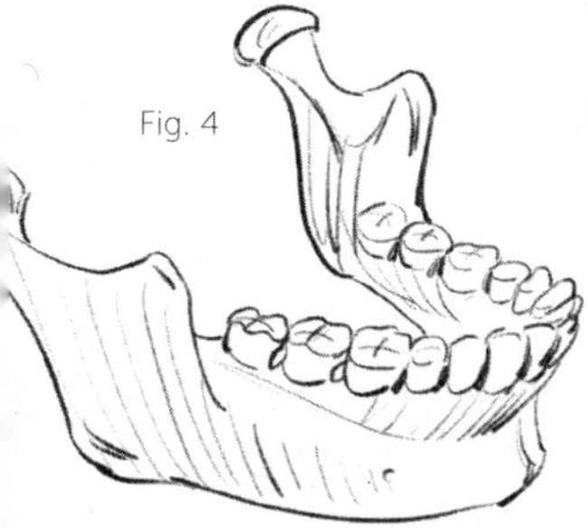

Fig. 5

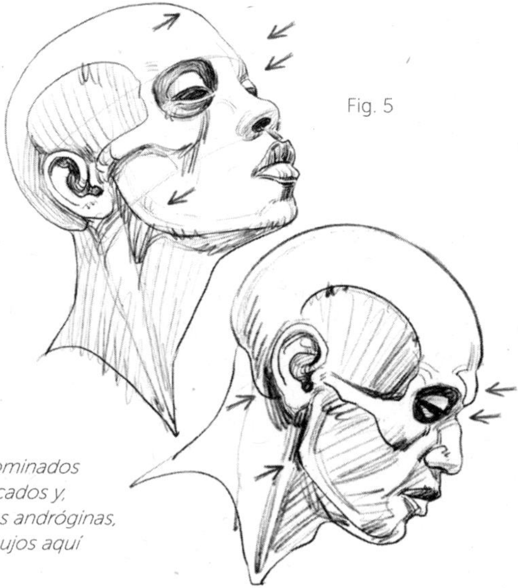

Fig. 4: hueso maxilar (mandíbula).

Figs. 5 y 6: muy a menudo, los denominados rasgos "sexuales" quedan poco marcados y, en cambio, son habituales las formas andróginas, como lo atestiguan varios de los dibujos aquí seleccionados.

Sin embargo, las diferencias de fuerza y masa muscular tienen repercusión en el esqueleto, que tendrá que adaptarse. Un esqueleto femenino suele ser más ligero, más fino, sus inserciones musculares, más suaves. Sucede lo contrario con el esqueleto masculino, más robusto, donde las inserciones musculares quedan más dibujadas. Esta diferencia de intensidad la encontramos también en el cráneo, sobre todo en el área de los maxilares y los músculos masticatorios (véase la página 66). Como consecuencia, la mandíbula será más ancha, su ángulo recto, notablemente más acusado, las bolsas superciliares encajan las presiones (la frente tiende a escaparse y la raíz de la nariz, en consecuencia, se desmarca hacia adelante), y la bolsa mastoidea (véase la página 68) es más espesa.

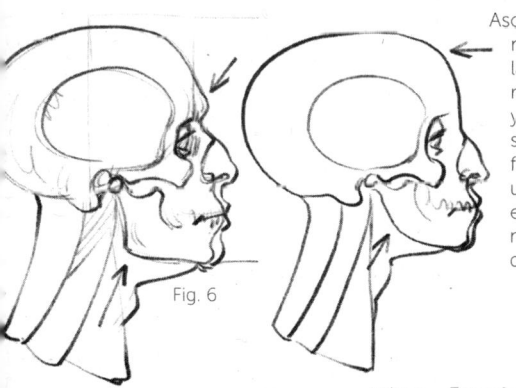

Asociado a una musculatura más fina, el ángulo de la mandíbula es más redondo, menos saliente, y las bolsas superciliares son inexistentes (una frente más vertical forma un ángulo más marcado en la cima del cráneo y la nariz es una prolongación de la frente).

Fig. 6

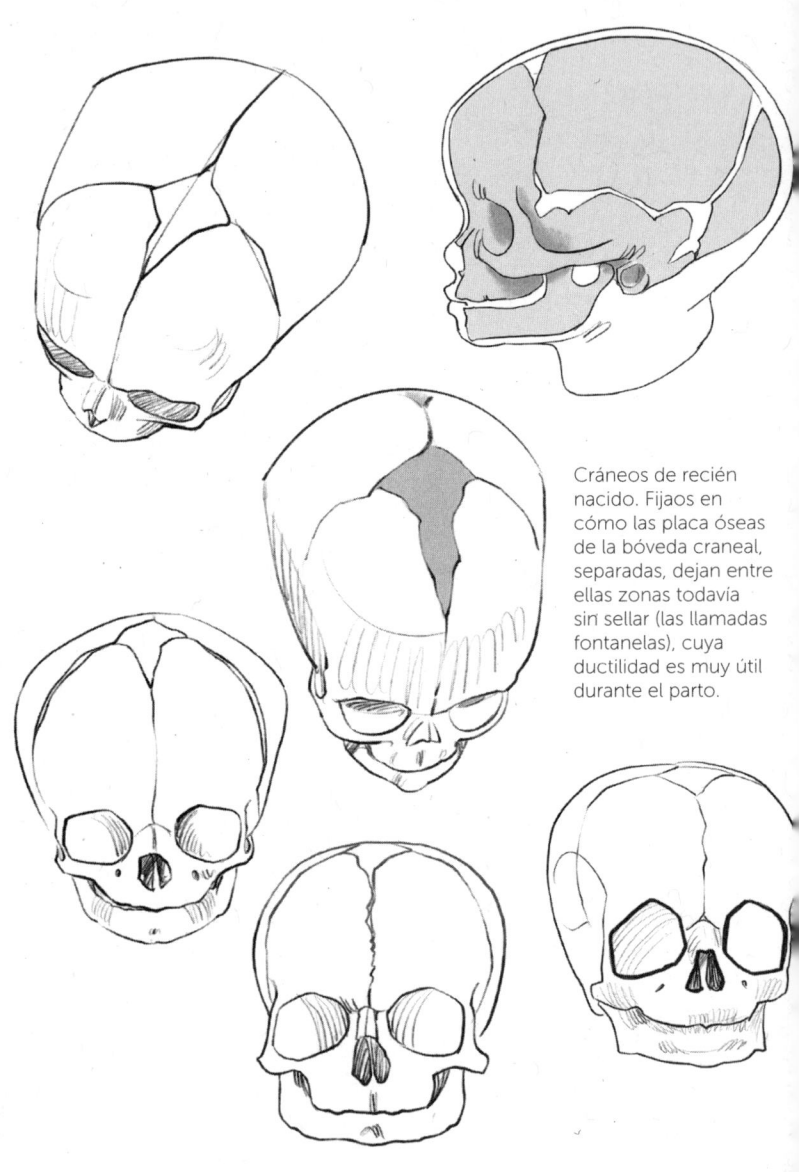

Cráneos de recién nacido. Fijaos en cómo las placa óseas de la bóveda craneal, separadas, dejan entre ellas zonas todavía sin sellar (las llamadas fontanelas), cuya ductilidad es muy útil durante el parto.

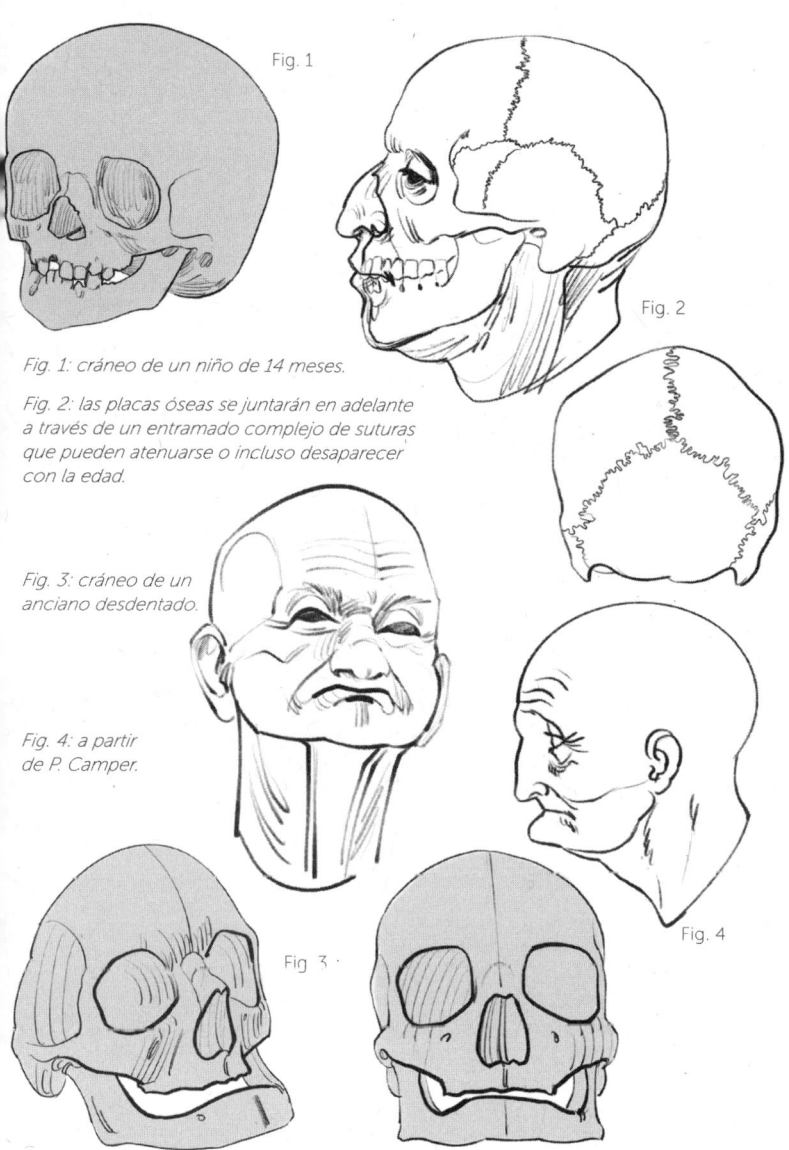

Fig. 1

Fig. 1: cráneo de un niño de 14 meses.

Fig. 2: las placas óseas se juntarán en adelante a través de un entramado complejo de suturas que pueden atenuarse o incluso desaparecer con la edad.

Fig. 3: cráneo de un anciano desdentado.

Fig. 4: a partir de P. Camper.

Fig. 2

Fig. 3

Fig. 4

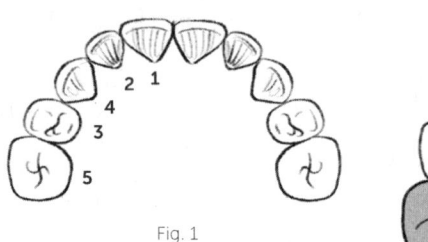

Fig. 1

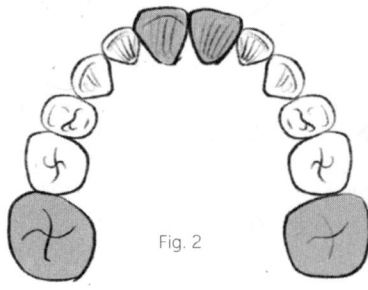

Fig. 2

Fig. 1: orden de aparición de los dientes de leche (los incisivos inferiores suelen crecer antes que los inferiores).

Fig. 2: dentadura mixta (los dientes definitivos están resaltados en gris).

Fig. 3: las presiones de los maxilares requieren pilares óseos que puedan ensancharse (así como el "freno" de las bolsas superciliares) en detrimento de las cavidades (las órbitas y la fosa nasal). Compárese con la figura 6 de la página 49.

Fig. 4: los dientes se forman en el interior de los huesos de los maxilares.

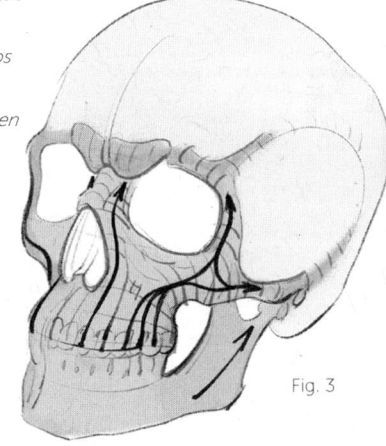

Fig. 3

Fig. 4

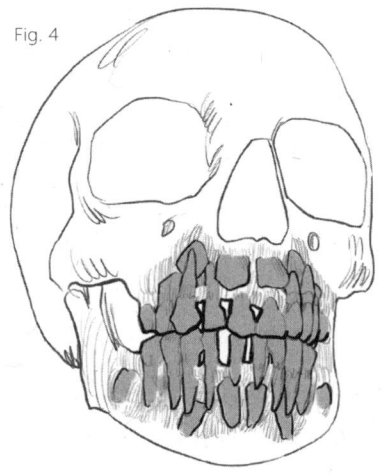

La aparición de la primera pieza dental suele ocurrir entre los 4 y los 7 meses (algunos niños poseen ya uno o dos dientes de nacimiento). La mayoría de los niños completan su dentadura de leche antes de cumplir los 3 años. Los dientes definitivos comienzan a salir a partir de los 5 o 6 años, en cuanto a los primeros, y el proceso se alarga aproximadamente hasta los 12 años. Los cuatro molares últimos, conocidos como "muelas del juicio", salen por lo general entre los 18 y los 20 años (Fig. 6), pero su irrupción resulta aleatoria.

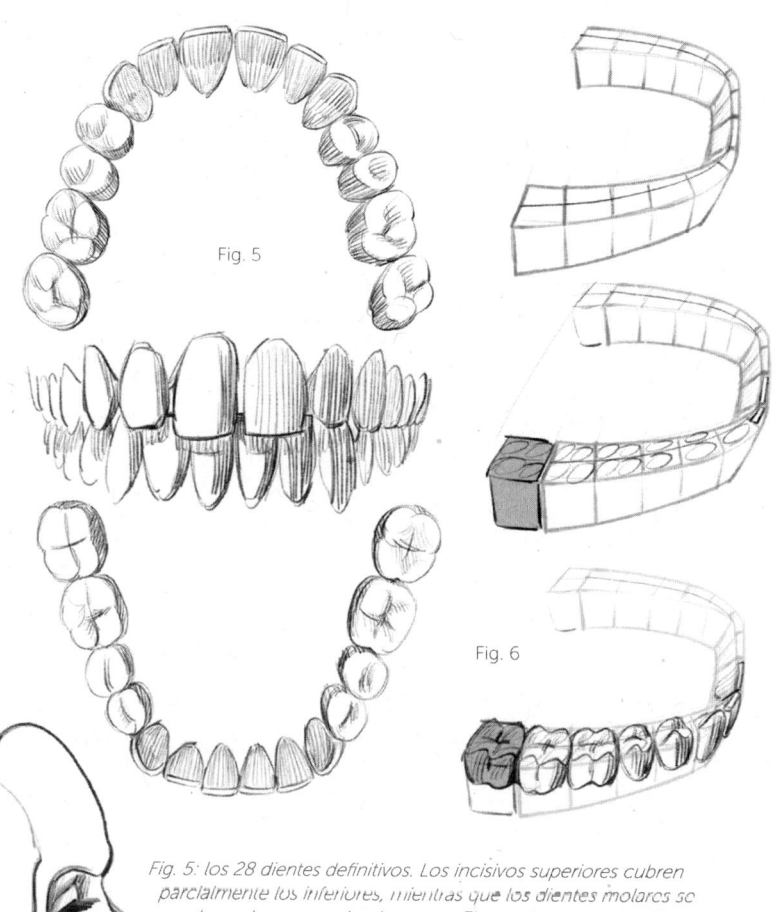

Fig. 5

Fig. 6

Fig. 7

Fig. 5: los 28 dientes definitivos. Los incisivos superiores cubren parcialmente los inferiores, mientras que los dientes molares se colocan los unos sobre los otros. El arco óseo superior, por lo tanto, es ligeramente más ancho.

Fig. 6: una muela del juicio, resaltada en gris; una vez que han aparecido las cuatro piezas, el número total de dientes asciende a 32.

Fig. 7: teóricamente, los labios se encuentran a media altura delante de los incisivos superiores.

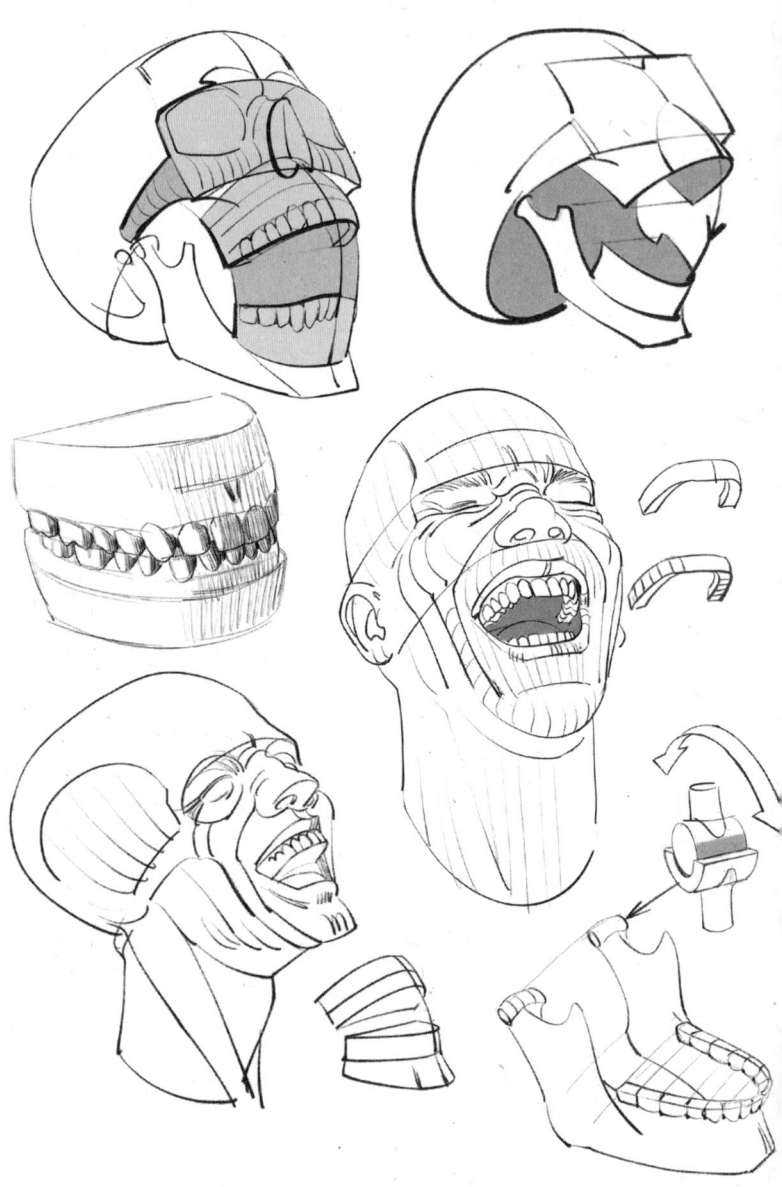

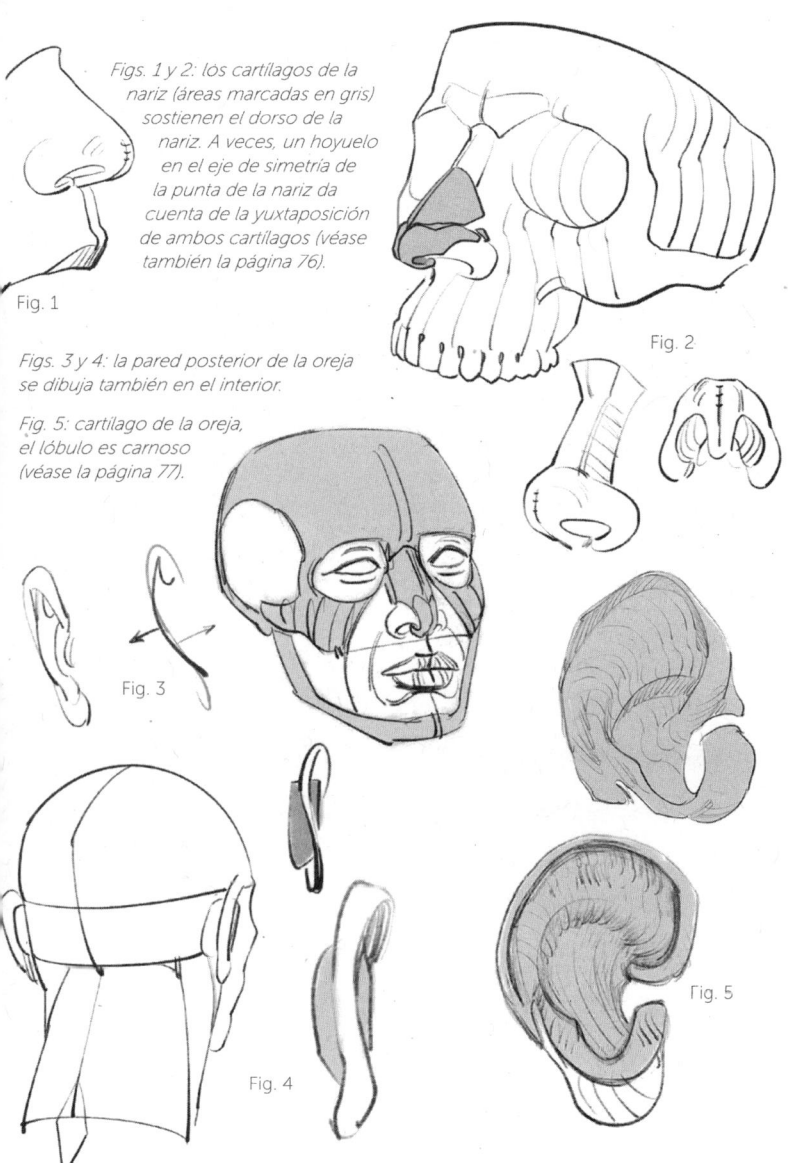

Figs. 1 y 2: los cartílagos de la nariz (áreas marcadas en gris) sostienen el dorso de la nariz. A veces, un hoyuelo en el eje de simetría de la punta de la nariz da cuenta de la yuxtaposición de ambos cartílagos (véase también la página 76).

Fig. 1

Figs. 3 y 4: la pared posterior de la oreja se dibuja también en el interior.

Fig. 5: cartílago de la oreja, el lóbulo es carnoso (véase la página 77).

Fig. 2

Fig. 3

Fig. 4

Fig. 5

Como se puede observar, el cráneo es el elemento esencial de este análisis "morfo". Entiendo que constituye, claramente, la base de nuestro estudio. Independientemente de si se trata de un dibujo o de una escultura, el hueso del cráneo aportará a vuestro retrato los puntos de referencia ósea estructurales en los cuales nos apoyaremos para realizar las vistas más complejas, especialmente la vista en escorzo. En los dibujos de esta doble página se han resaltado en gris dichas referencias óseas o, dicho de otro modo, los lugares clave en los que el hueso domina sobre la forma aparente: la frente, el marco de las órbitas, los pómulos, los límites del hueso maxilar; los cartílagos de la nariz y de las orejas actúan también como puntos de referencia sólidos bajo la piel. La punta del mentón suele adquirir mayor consistencia debido a un volumen carnoso.

Aquí abajo he dejado en blanco la zona de las sienes (de este modo se distingue mejor el arco zigomático), mientras que en la página de la derecha me he decantado por representar su forma ósea.

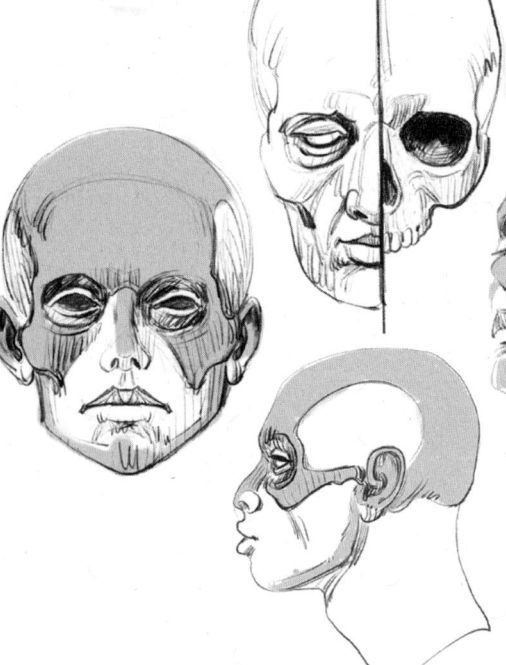

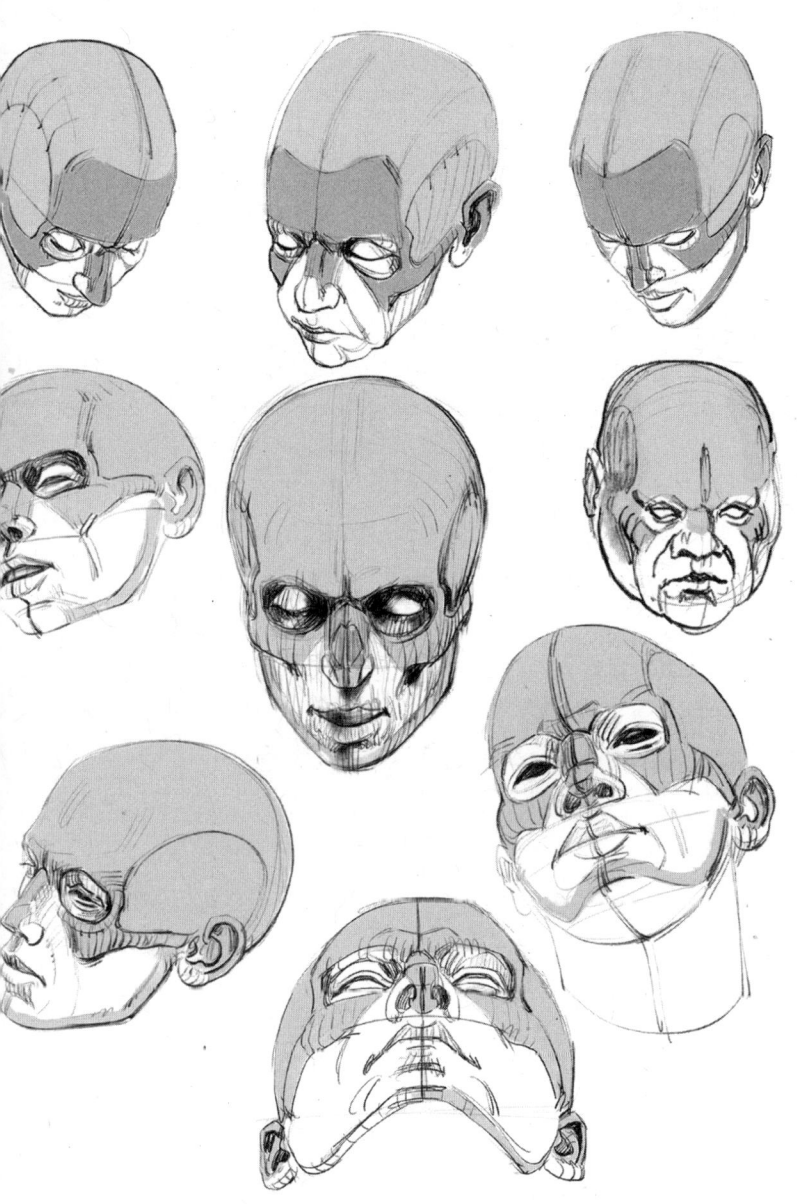

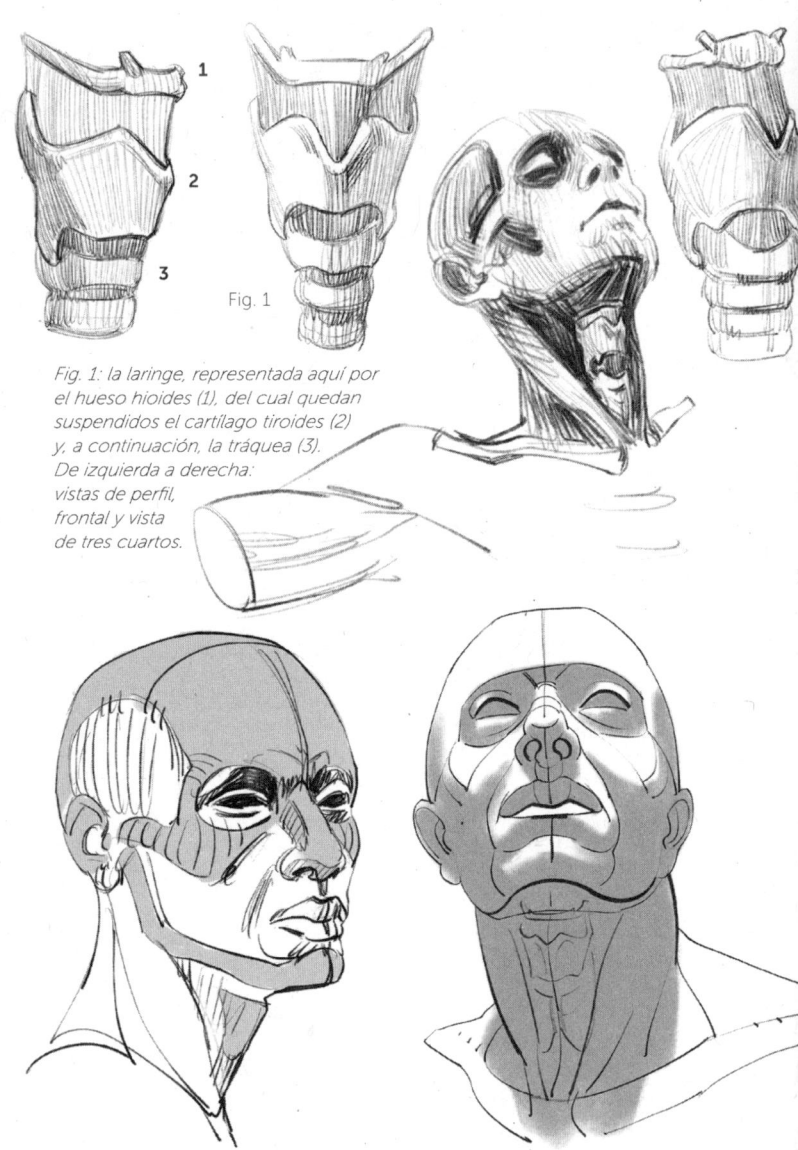

Fig. 1

Fig. 1: la laringe, representada aquí por el hueso hioides (1), del cual quedan suspendidos el cartílago tiroides (2) y, a continuación, la tráquea (3). De izquierda a derecha: vistas de perfil, frontal y vista de tres cuartos.

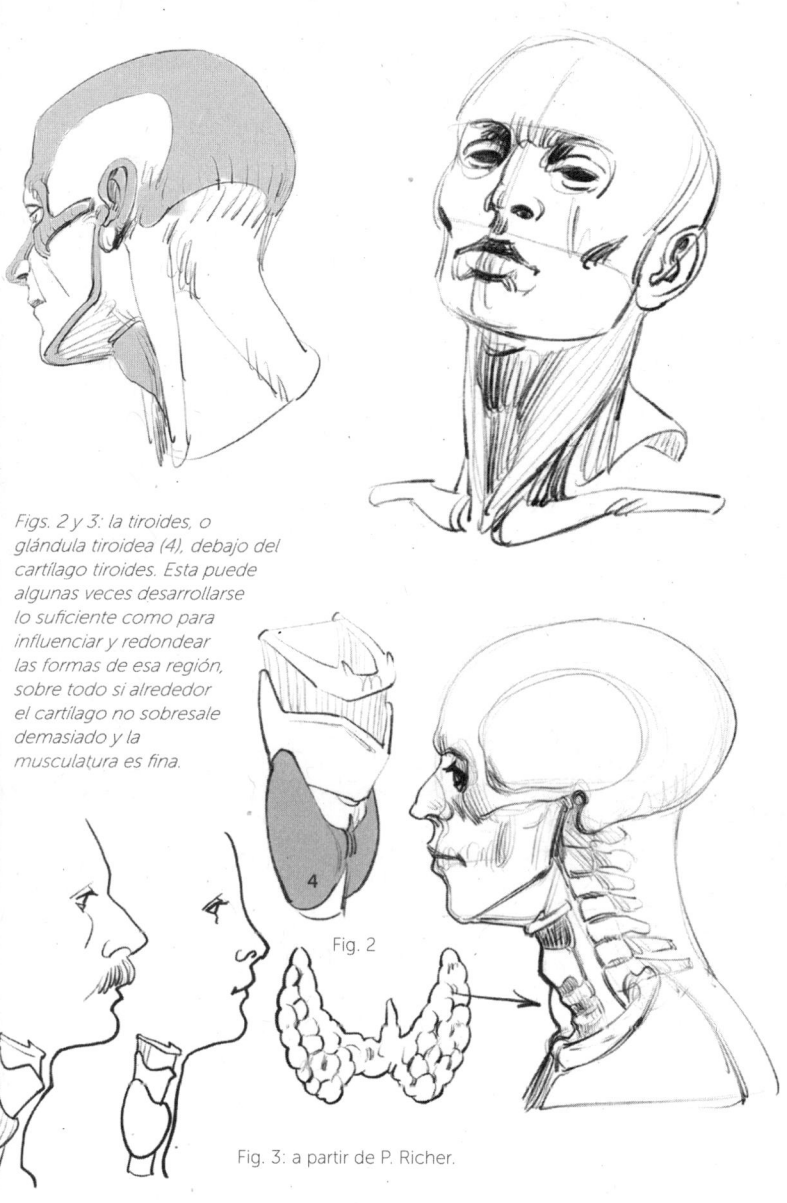

Figs. 2 y 3: la tiroides, o glándula tiroidea (4), debajo del cartílago tiroides. Esta puede algunas veces desarrollarse lo suficiente como para influenciar y redondear las formas de esa región, sobre todo si alrededor el cartílago no sobresale demasiado y la musculatura es fina.

4

Fig. 2

Fig. 3: a partir de P. Richer.

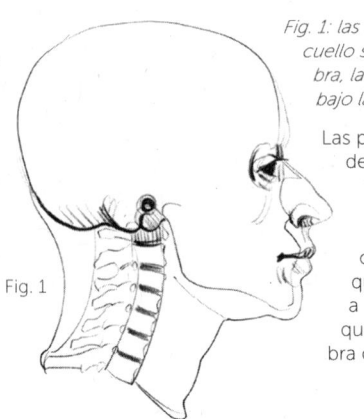

Fig. 1

Fig. 1: las siete vértebras cervicales le confieren al cuello su flexibilidad. Solamente la séptima vértebra, la que queda más abajo, se puede observar bajo la piel (la llamada "vértebra prominente").

Las primeras dos vértebras cervicales son destacables; la primera, el atlas, se articula con el cráneo y le permite realizar los movimientos de flexión y extensión (cuando decimos que sí, deslizamos el cráneo sobre dicha vértebra); mientras que los movimientos de rotación se llevan a cabo sobre la segunda, el axis (decimos que no girando el cráneo sobre esta vértebra cervical).

Fig. 2: vista posterior del atlas sobre el axis.

Fig. 3: vista anterior del atlas sobre el axis (las áreas resaltadas en gris son las zonas por donde se articula el cráneo).

Fig. 4: vistas anteriores del atlas y del axis.

Fig. 5: suelo del cráneo, colocado encima del atlas y del axis. Compárese con el dibujo de la izquierda.

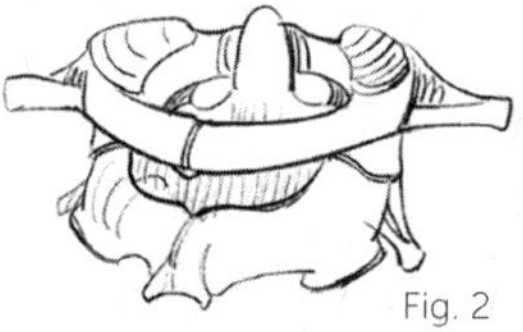

Fig. 2

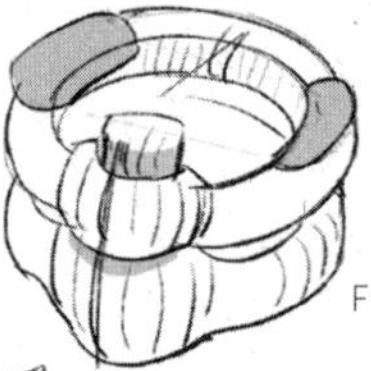

Fig. 3

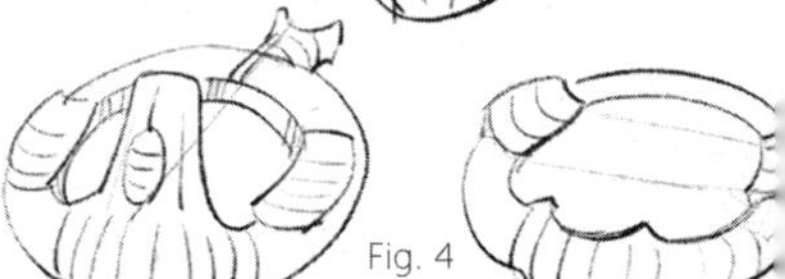

Fig. 4

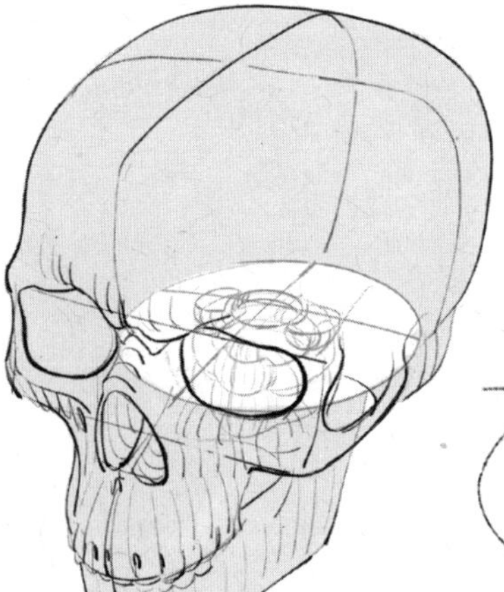

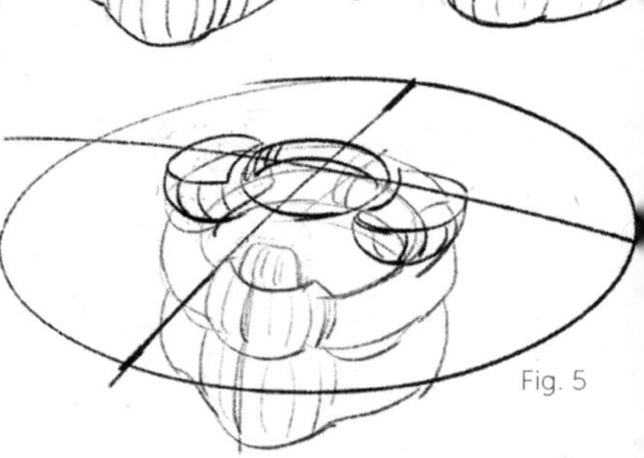

Fig. 5

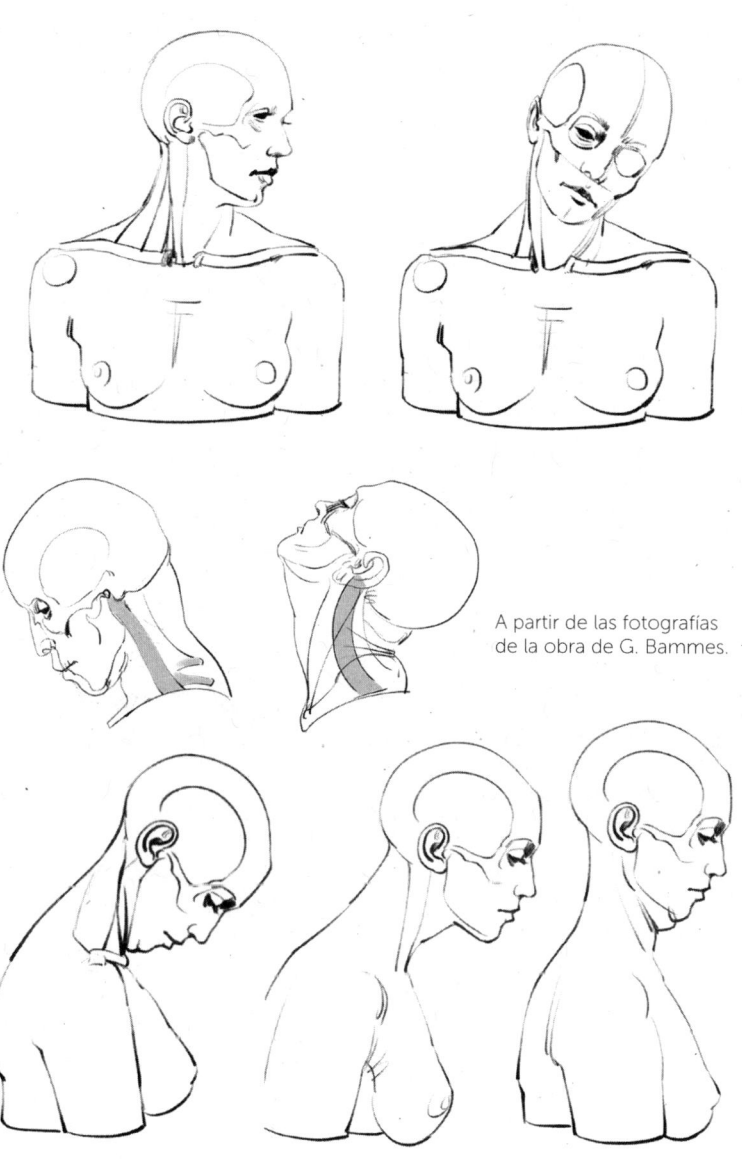

A partir de las fotografías de la obra de G. Bammes.

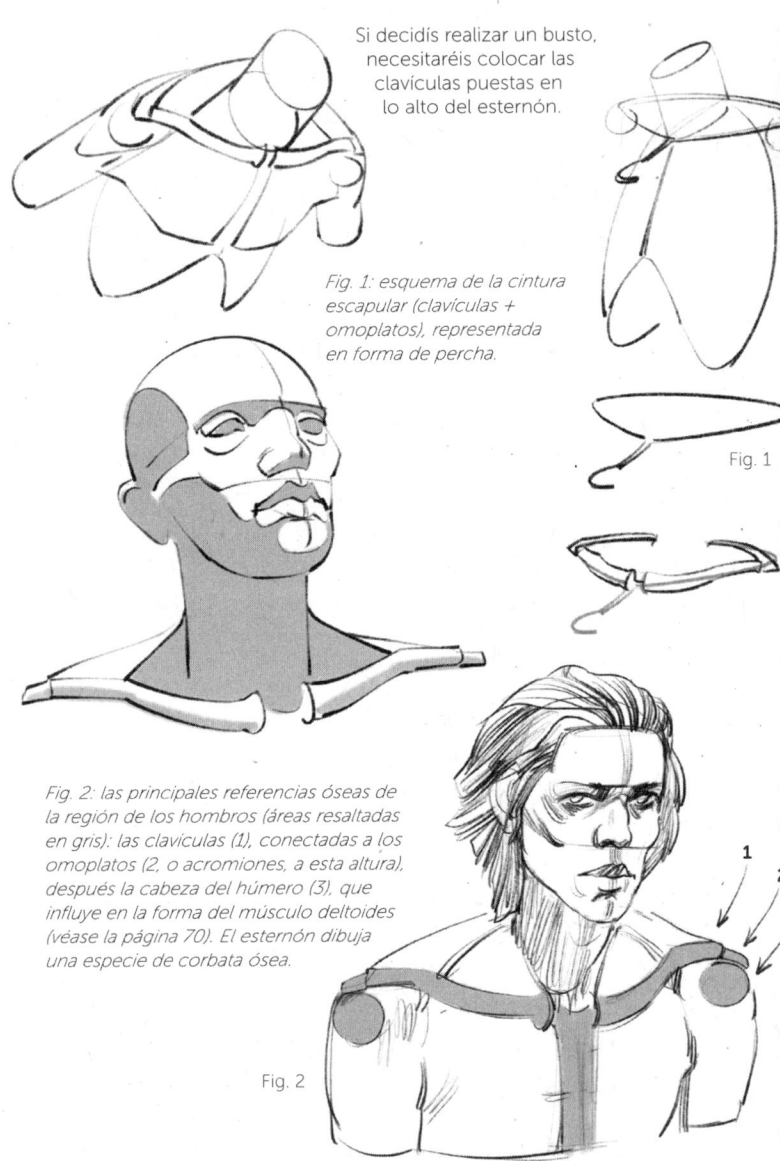

Si decidís realizar un busto, necesitaréis colocar las clavículas puestas en lo alto del esternón.

Fig. 1: esquema de la cintura escapular (clavículas + omoplatos), representada en forma de percha.

Fig. 1

Fig. 2: las principales referencias óseas de la región de los hombros (áreas resaltadas en gris): las clavículas (1), conectadas a los omoplatos (2, o acromiones, a esta altura), después la cabeza del húmero (3), que influye en la forma del músculo deltoides (véase la página 70). El esternón dibuja una especie de corbata ósea.

Fig. 2

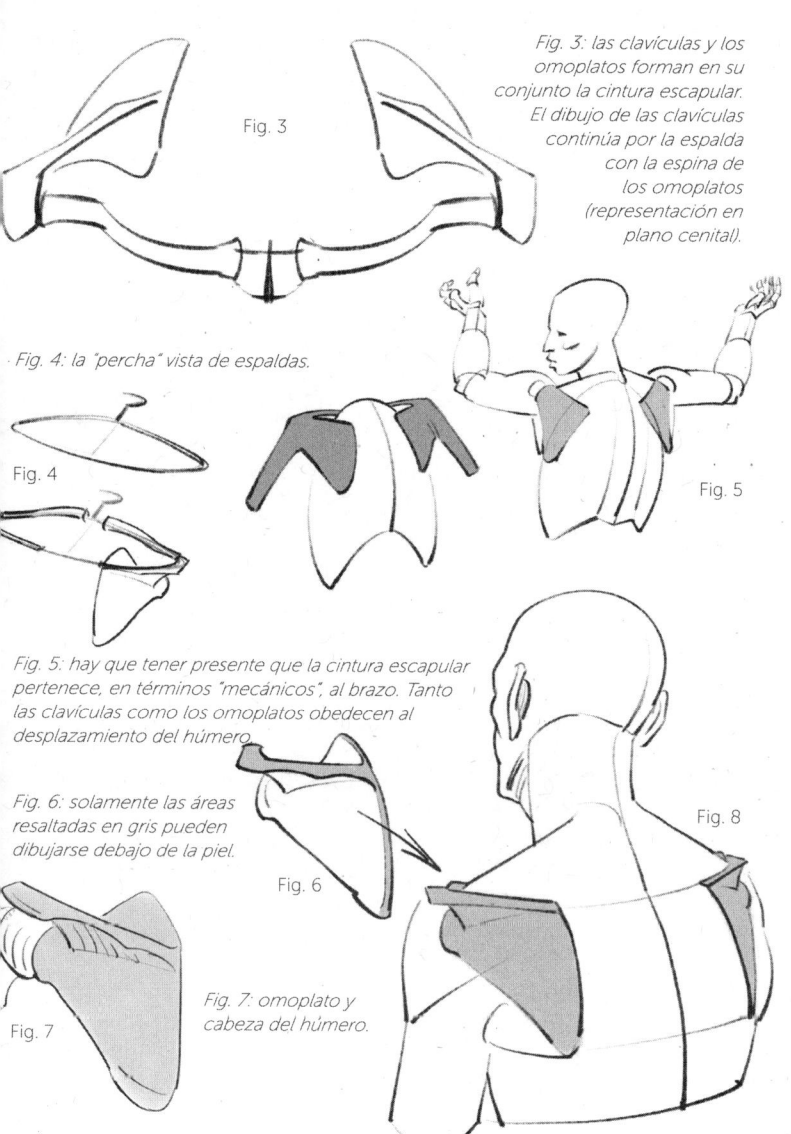

Fig. 3: las clavículas y los omoplatos forman en su conjunto la cintura escapular. El dibujo de las clavículas continúa por la espalda con la espina de los omoplatos (representación en plano cenital).

Fig. 3

Fig. 4: la "percha" vista de espaldas.

Fig. 4

Fig. 5

Fig. 5: hay que tener presente que la cintura escapular pertenece, en términos "mecánicos", al brazo. Tanto las clavículas como los omoplatos obedecen al desplazamiento del húmero.

Fig. 6: solamente las áreas resaltadas en gris pueden dibujarse debajo de la piel.

Fig. 6

Fig. 8

Fig. 7: omoplato y cabeza del húmero.

Fig. 7

Fig. 8: en un busto en vista de tres cuartos, el omoplato se percibe plano, mientras que el otro se pierde a partir de la mitad.

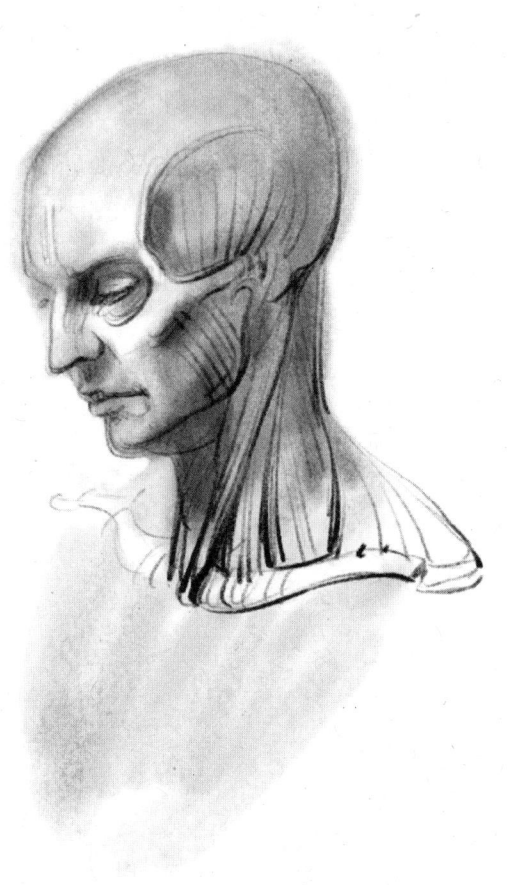

MUSCULATURA

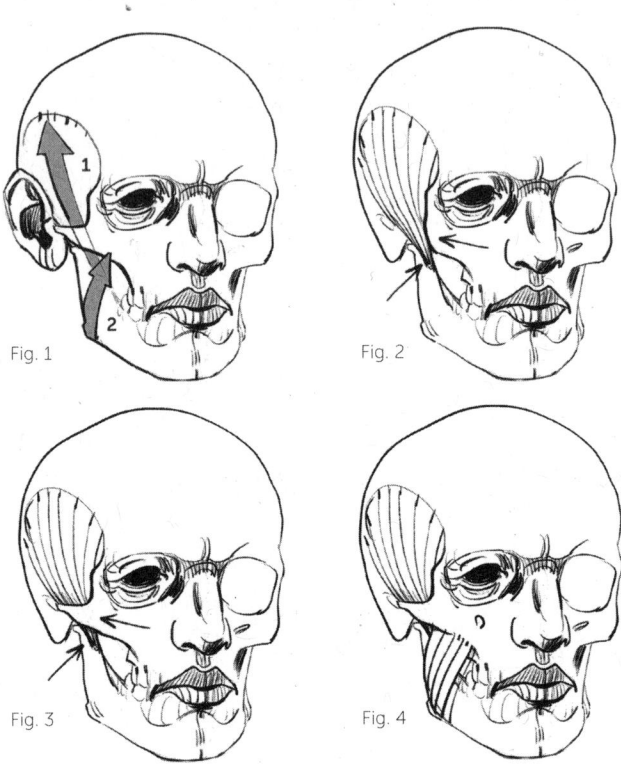

Fig. 1: en la cabeza, los únicos músculos visibles debido a su espesor son los dos músculos masticatorios, insertos en el único hueso móvil del cráneo, el hueso maxilar inferior (mandíbula): el temporal (1) y el masetero (2).

Fig. 2: músculo temporal, arco zigomático seccionado para poder mostrar la inserción en la mandíbula.

Fig. 3: músculo temporal cuyo extremo se desliza bajo el puente óseo del arco zigomático.

Fig. 4: músculo masetero, cuya fuerza estará en estrecha correlación con el dibujo del ángulo de la mandíbula (véase la página 49).

El arco zigomático forma, por lo tanto, un puente que permite la superposición de ambos músculos.

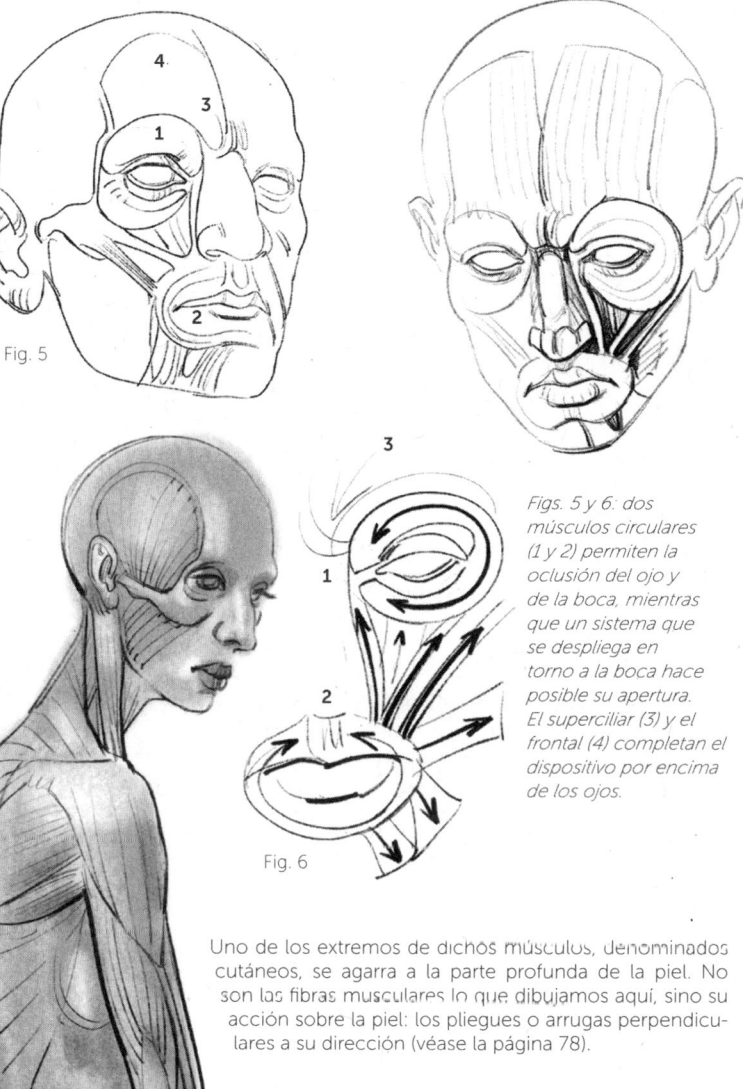

Fig. 5

Fig. 6

Figs. 5 y 6: dos músculos circulares (1 y 2) permiten la oclusión del ojo y de la boca, mientras que un sistema que se despliega en torno a la boca hace posible su apertura. El superciliar (3) y el frontal (4) completan el dispositivo por encima de los ojos.

Uno de los extremos de dichos músculos, denominados cutáneos, se agarra a la parte profunda de la piel. No son las fibras musculares lo que dibujamos aquí, sino su acción sobre la piel: los pliegues o arrugas perpendiculares a su dirección (véase la página 78).

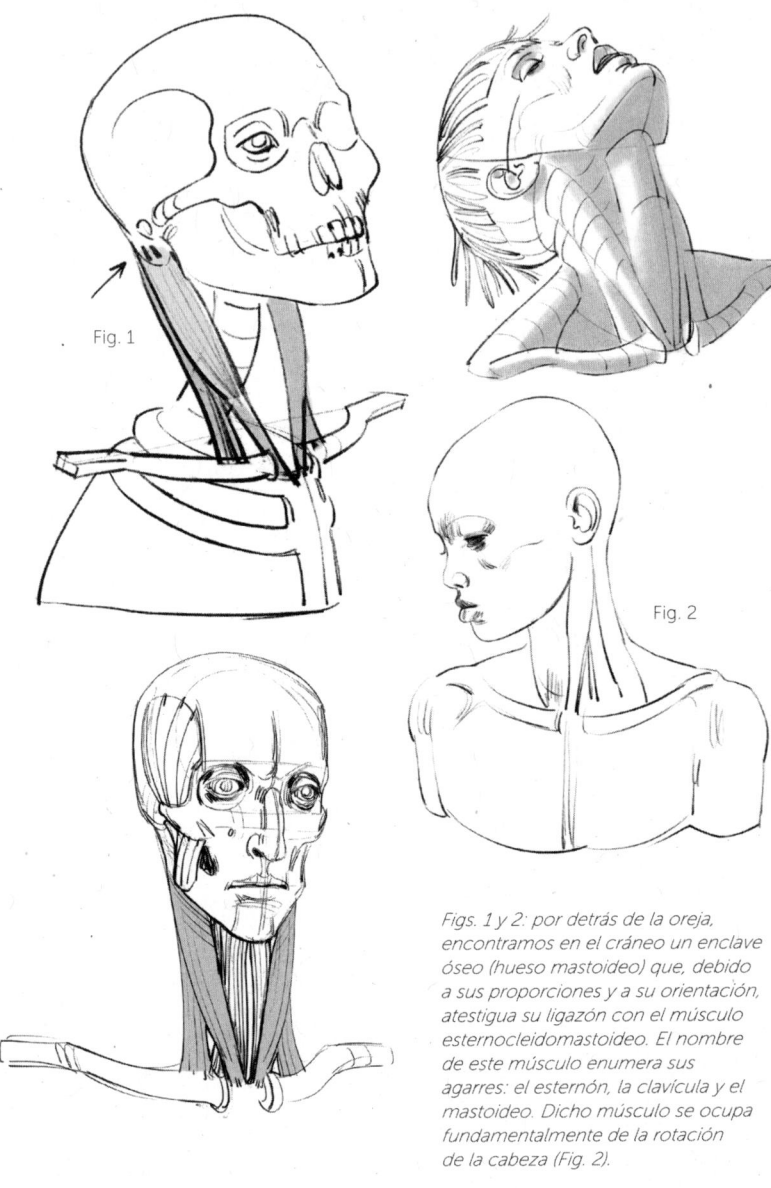

Fig. 1

Fig. 2

Figs. 1 y 2: por detrás de la oreja, encontramos en el cráneo un enclave óseo (hueso mastoideo) que, debido a sus proporciones y a su orientación, atestigua su ligazón con el músculo esternocleidomastoideo. El nombre de este músculo enumera sus agarres: el esternón, la clavícula y el mastoideo. Dicho músculo se ocupa fundamentalmente de la rotación de la cabeza (Fig. 2).

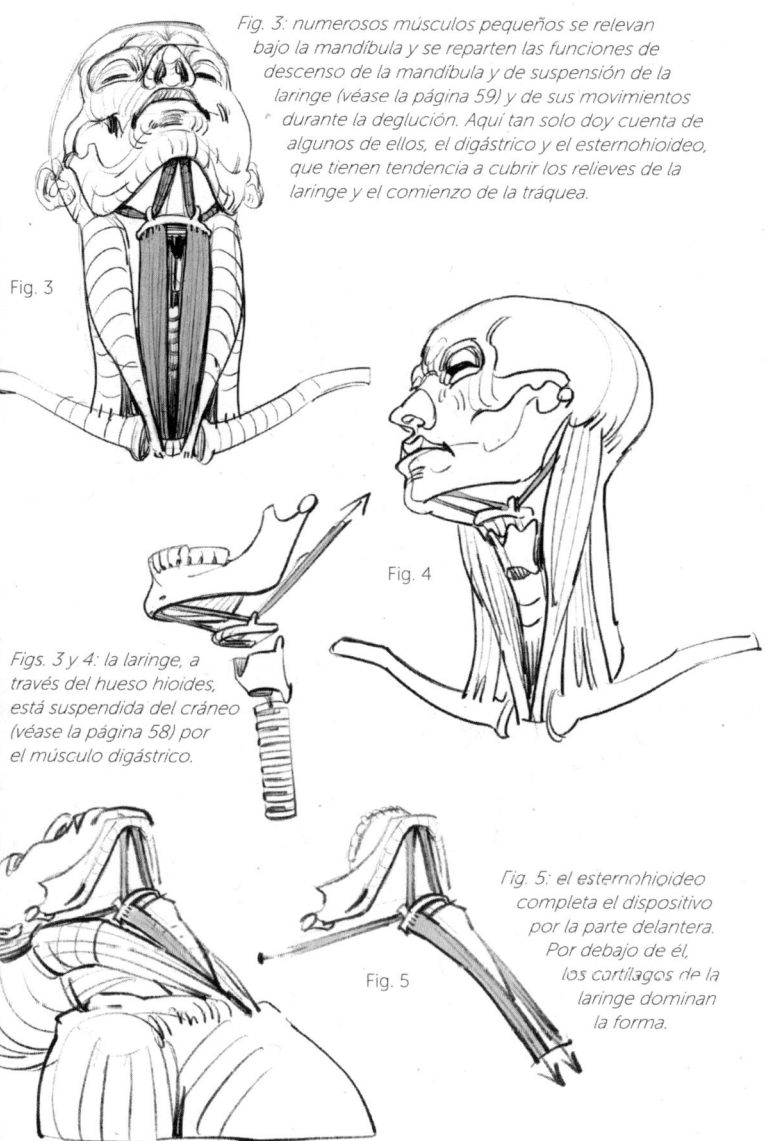

Fig. 3: numerosos músculos pequeños se relevan bajo la mandíbula y se reparten las funciones de descenso de la mandíbula y de suspensión de la laringe (véase la página 59) y de sus movimientos durante la deglución. Aquí tan solo doy cuenta de algunos de ellos, el digástrico y el esternohioideo, que tienen tendencia a cubrir los relieves de la laringe y el comienzo de la tráquea.

Fig. 3

Fig. 4

Figs. 3 y 4: la laringe, a través del hueso hioides, está suspendida del cráneo (véase la página 58) por el músculo digástrico.

Fig. 5

Fig. 5: el esternohioideo completa el dispositivo por la parte delantera. Por debajo de él, los cartílagos de la laringe dominan la forma.

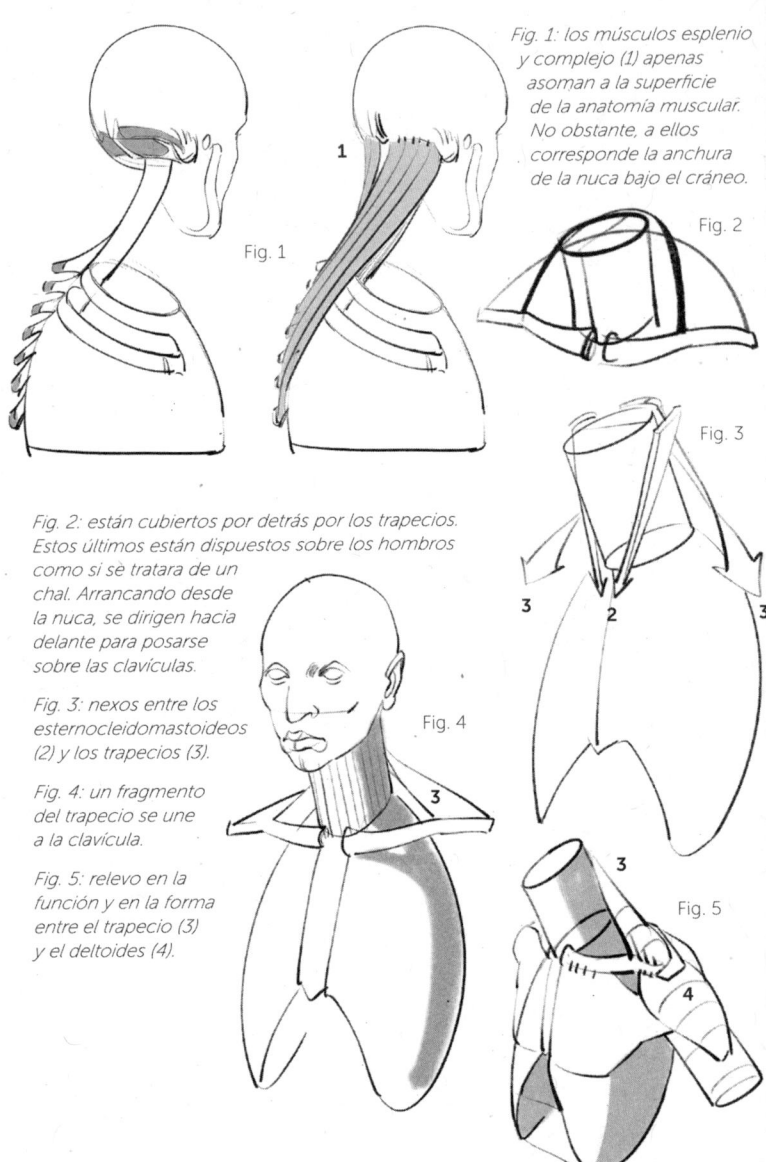

Fig. 1: los músculos esplenio y complejo (1) apenas asoman a la superficie de la anatomía muscular. No obstante, a ellos corresponde la anchura de la nuca bajo el cráneo.

Fig. 1

Fig. 2

Fig. 3

Fig. 2: están cubiertos por detrás por los trapecios. Estos últimos están dispuestos sobre los hombros como si se tratara de un chal. Arrancando desde la nuca, se dirigen hacia delante para posarse sobre las clavículas.

Fig. 3: nexos entre los esternocleidomastoideos (2) y los trapecios (3).

Fig. 4: un fragmento del trapecio se une a la clavícula.

Fig. 5: relevo en la función y en la forma entre el trapecio (3) y el deltoides (4).

Fig. 4

Fig. 5

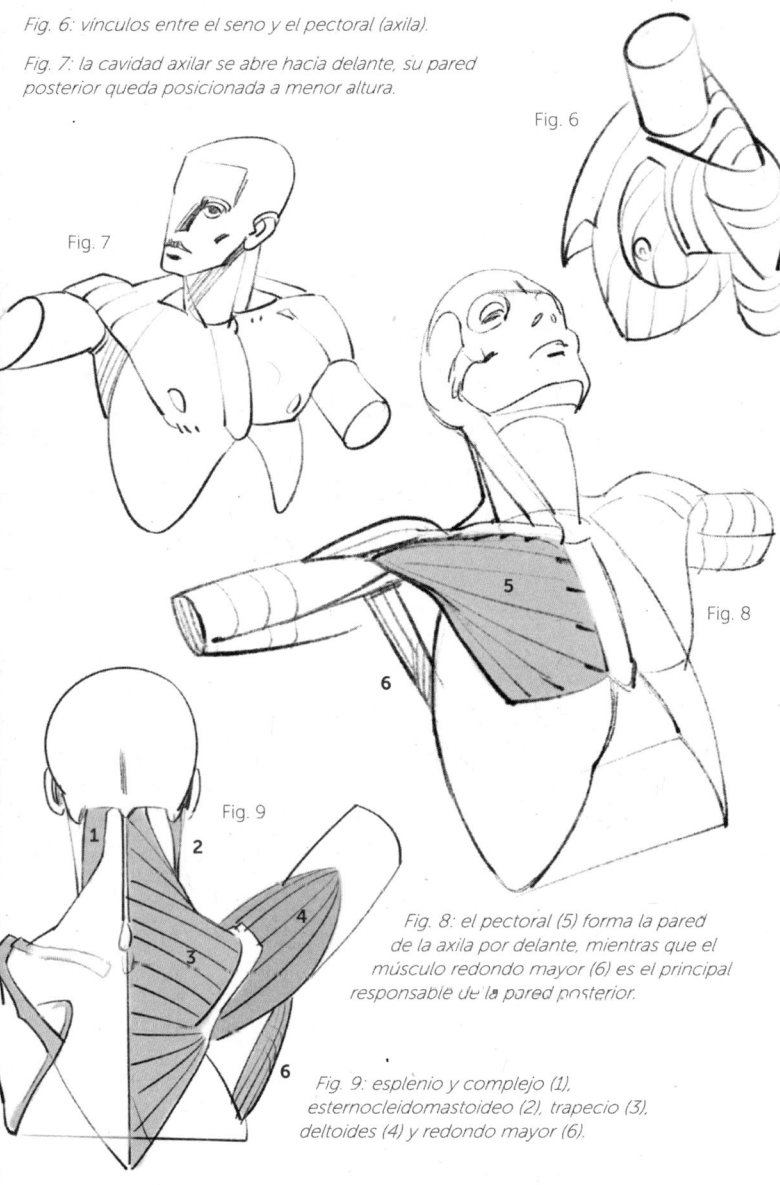

Fig. 6: vínculos entre el seno y el pectoral (axila).

Fig. 7: la cavidad axilar se abre hacia delante, su pared posterior queda posicionada a menor altura.

Fig. 6

Fig. 7

Fig. 8

Fig. 9

Fig. 8: el pectoral (5) forma la pared de la axila por delante, mientras que el músculo redondo mayor (6) es el principal responsable de la pared posterior.

Fig. 9: esplenio y complejo (1), esternocleidomastoideo (2), trapecio (3), deltoides (4) y redondo mayor (6).

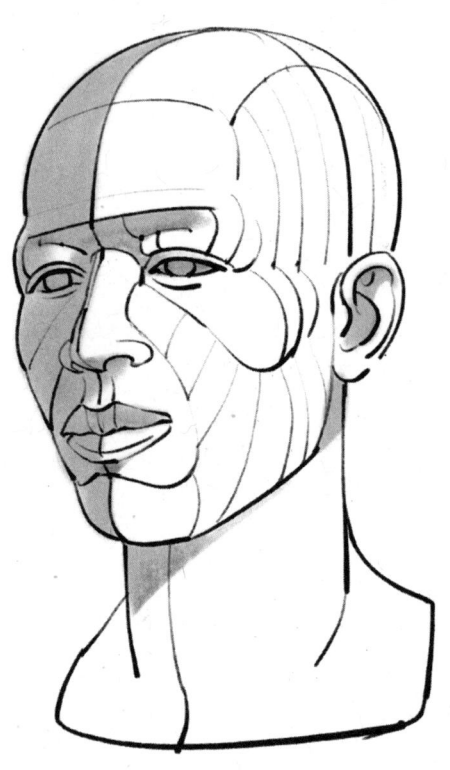

GRASA Y PLIEGUES
DE LA PIEL

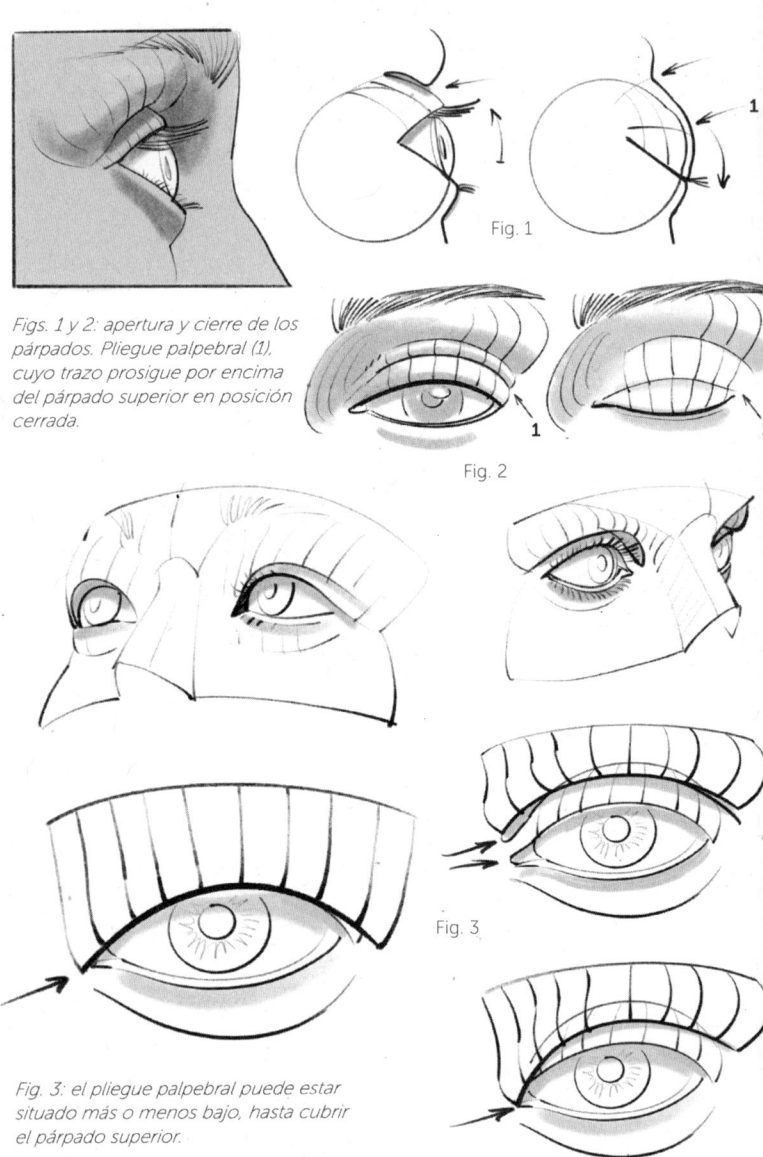

Figs. 1 y 2: apertura y cierre de los párpados. Pliegue palpebral (1), cuyo trazo prosigue por encima del párpado superior en posición cerrada.

Fig. 1

Fig. 2

Fig. 3

Fig. 3: el pliegue palpebral puede estar situado más o menos bajo, hasta cubrir el párpado superior.

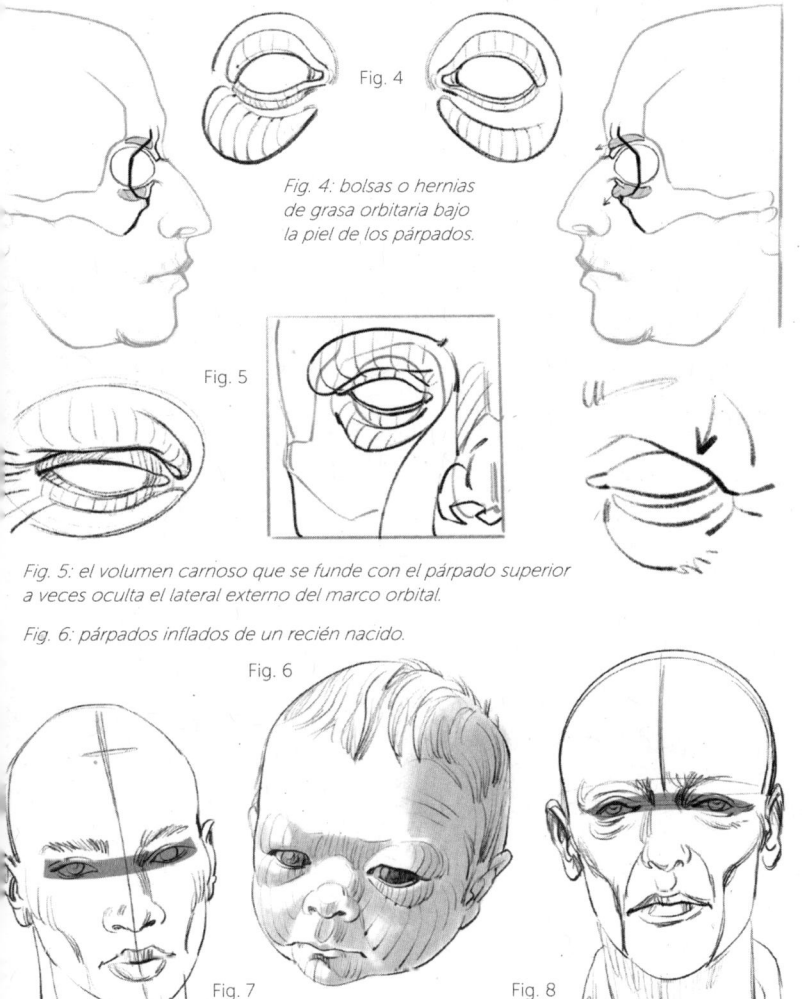

Fig. 4

Fig. 4: bolsas o hernias de grasa orbitaria bajo la piel de los párpados.

Fig. 5

Fig. 5: el volumen carnoso que se funde con el párpado superior a veces oculta el lateral externo del marco orbital.

Fig. 6: párpados inflados de un recién nacido.

Fig. 6

Fig. 7

Fig. 8

Figs. 7 y 8: el eje natural de los párpados sobre los ojos participa de la expresión.

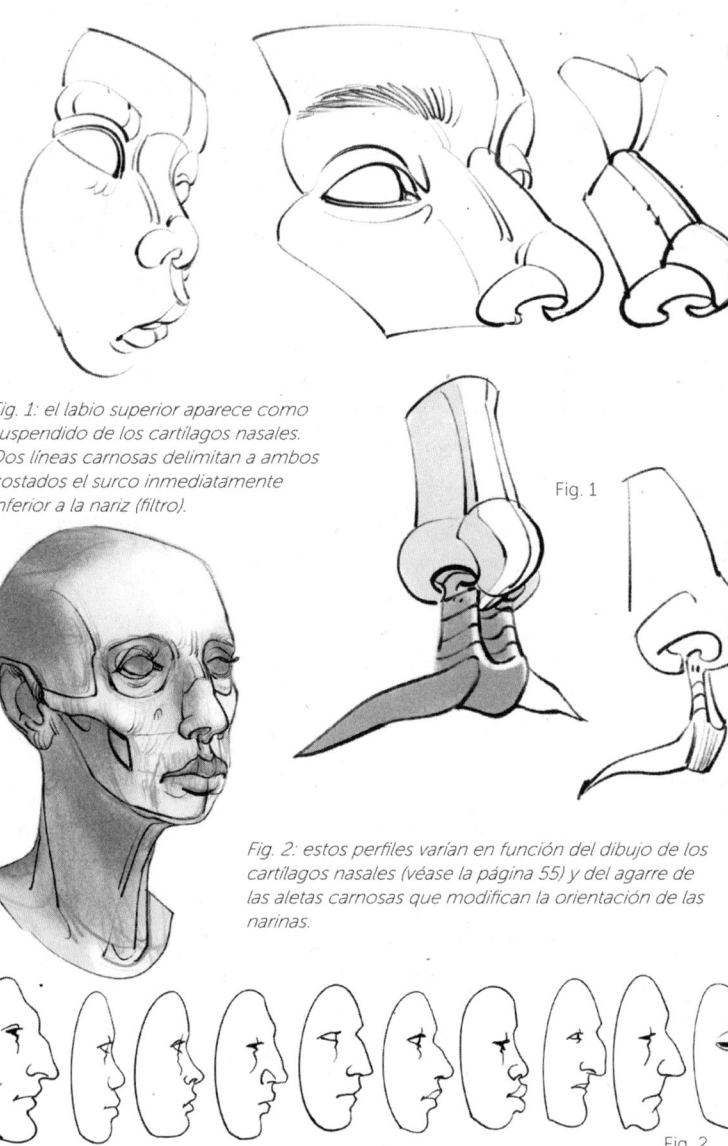

Fig. 1: el labio superior aparece como suspendido de los cartílagos nasales. Dos líneas carnosas delimitan a ambos costados el surco inmediatamente inferior a la nariz (filtro).

Fig. 1

Fig. 2: estos perfiles varían en función del dibujo de los cartílagos nasales (véase la página 55) y del agarre de las aletas carnosas que modifican la orientación de las narinas.

Fig. 2

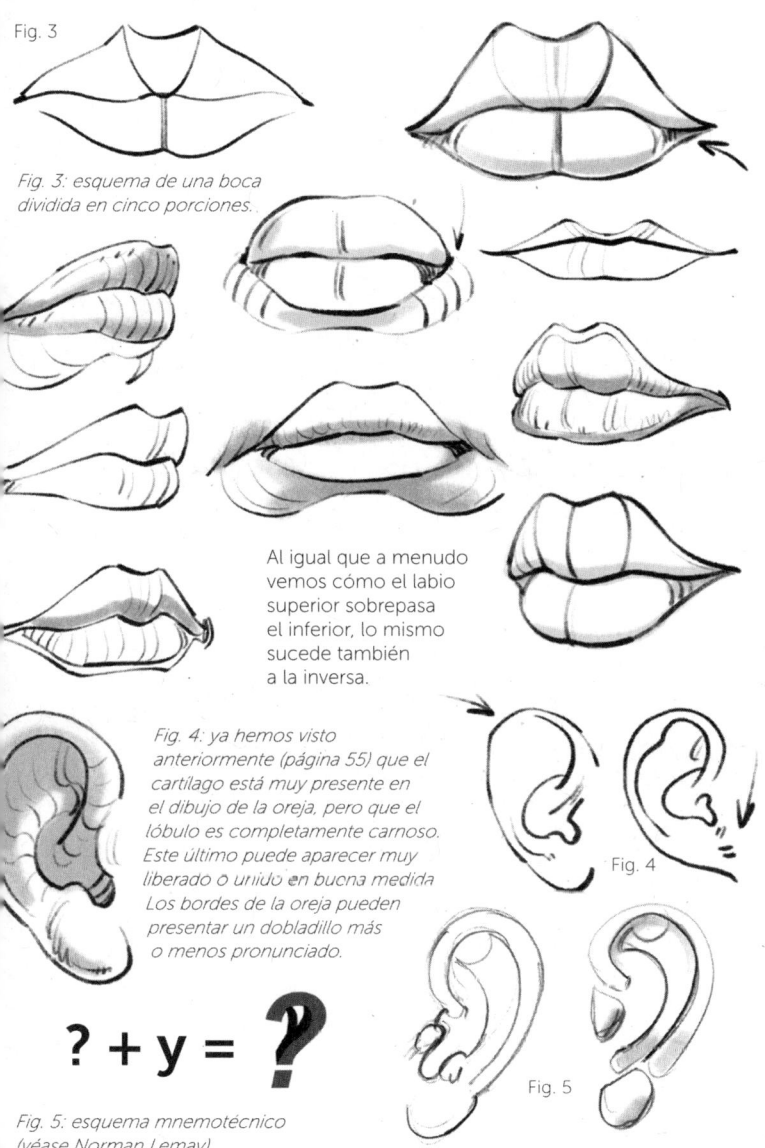

Fig. 3

Fig. 3: esquema de una boca
dividida en cinco porciones.

Al igual que a menudo
vemos cómo el labio
superior sobrepasa
el inferior, lo mismo
sucede también
a la inversa.

Fig. 4: ya hemos visto
anteriormente (página 55) que el
cartílago está muy presente en
el dibujo de la oreja, pero que el
lóbulo es completamente carnoso.
Este último puede aparecer muy
liberado o unido en buena medida
Los bordes de la oreja pueden
presentar un dobladillo más
o menos pronunciado.

Fig. 4

$$? + y = \text{?}$$

Fig. 5: esquema mnemotécnico
(véase Norman Lemay).

Fig. 5

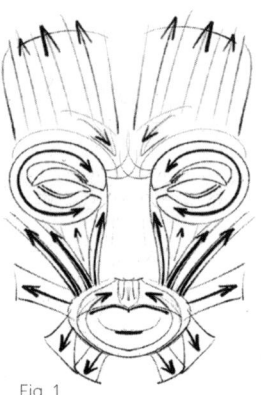

Fig. 1

Las arrugas se dibujan en el rostro a partir de la acción repetida de los músculos cutáneos (Fig. 1 y página 67). Estos duplican, se insertan en ella y se unen hasta el·hueso. El objetivo mecánico esencial de su actividad es variar las aperturas naturales del rostro, alrededor de los ojos y de la boca, y participar en el lenguaje, en la expresión de nuestras emociones. Sus contracciones están en el origen de los pliegues y las arrugas del rostro, perpendiculares a la dirección de las fibras musculares. Con la salvedad de los músculos masetero y temporal (véase la página 66), que son poderosos masticadores, el resto de los músculos del rostro no aparecen en las formas del dibujo, sino su acción sobre la piel: los pliegues y arrugas.

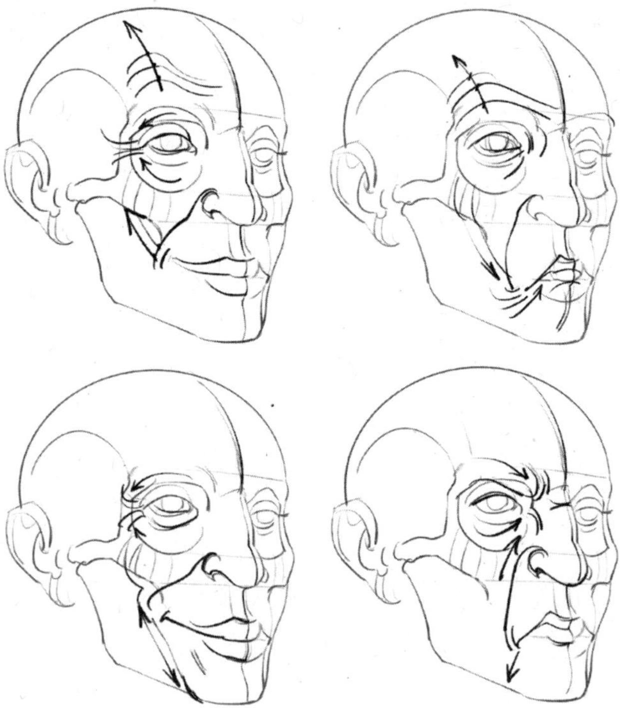

Figs. 2 y 3: por ejemplo, uno de los músculos que se despliega alrededor de la boca se engancha en las comisuras de la boca y de ahí sube hasta insertarse en el arco zigomático. Al contraerse, provoca que las comisuras se eleven y crea un pliegue perpendicular (a veces un hoyuelo), lo cual deforma la mejilla y arrastra consigo el párpado inferior.

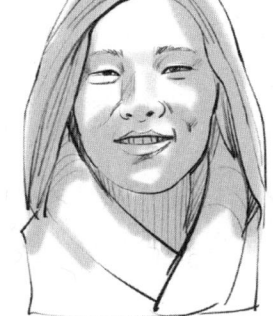

Fig. 2

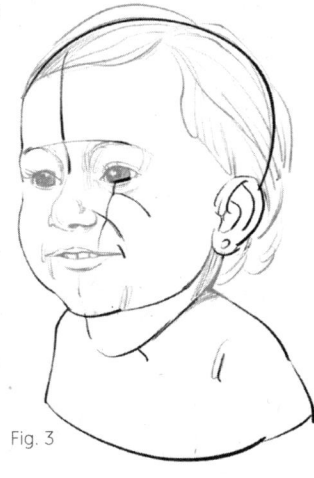

Fig. 3

Figs. 4 y 5: el descenso de la mandíbula arrastra aquí la piel, que se comporta como si fuera una tira elástica anclada a los pómulos y retenida por debajo del mentón (véase también la página 54).

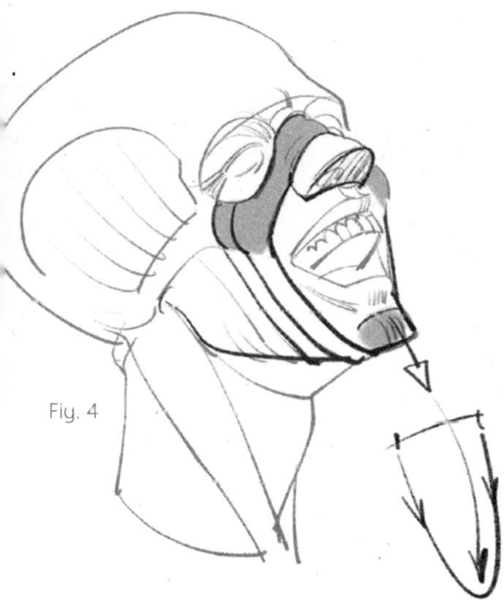

Fig. 4

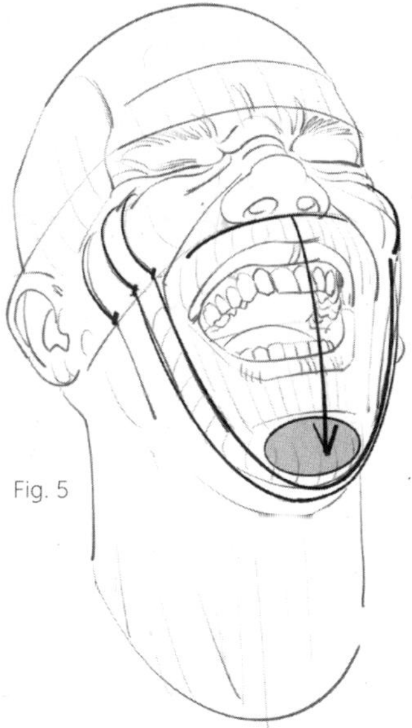

Fig. 5

En el centro de esta doble página aparecen una frente a la otra tres personas de edades distintas.

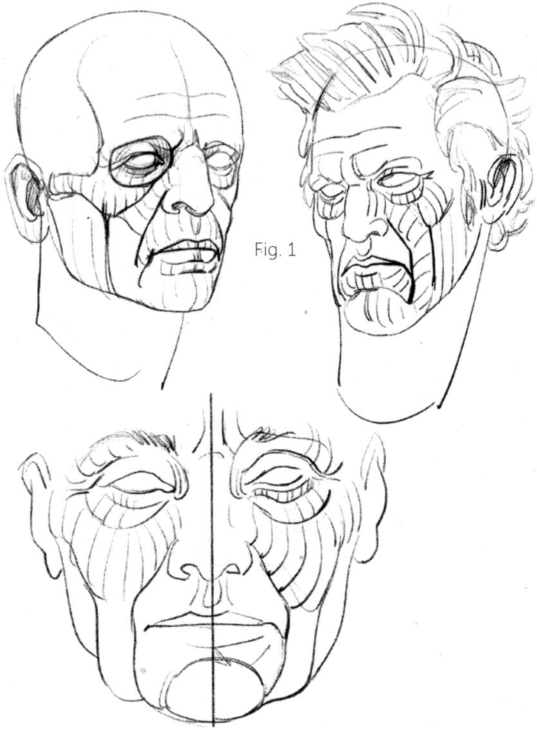

Fig. 1

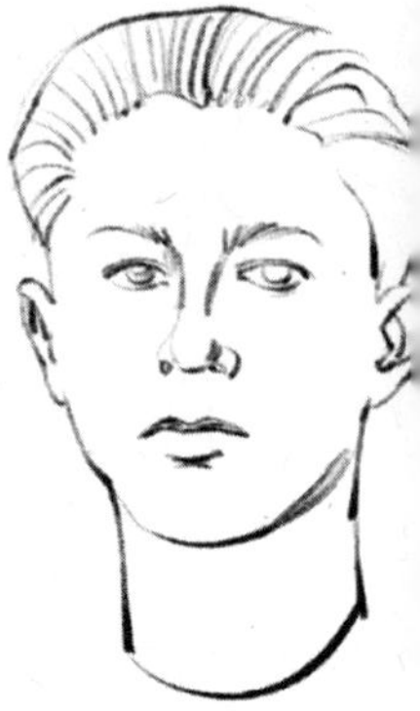

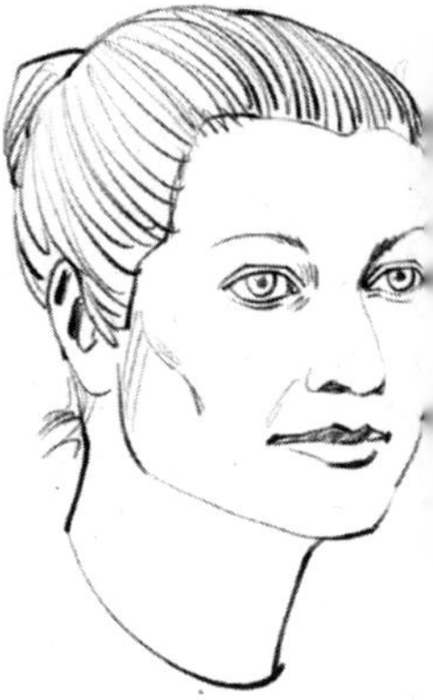

La piel es un envoltorio elástico, forrado por una capa adiposa, íntimamente adherida a la parte más profunda. Sin duda juega un papel importante sin llegar nunca, sin embargo, a ocultar los principales enclaves óseos, incluso a pesar de las formas del sobrepeso o la obesidad. El cráneo impone su forma.

Fig. 1: las referencias óseas asoman en los vértices de la cara. Bóveda craneal, marcos orbitales, arcos zigomáticos (pómulos) y ángulos de la mandíbula estructuran el rostro.

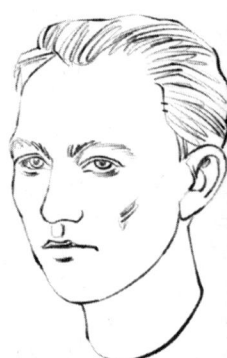

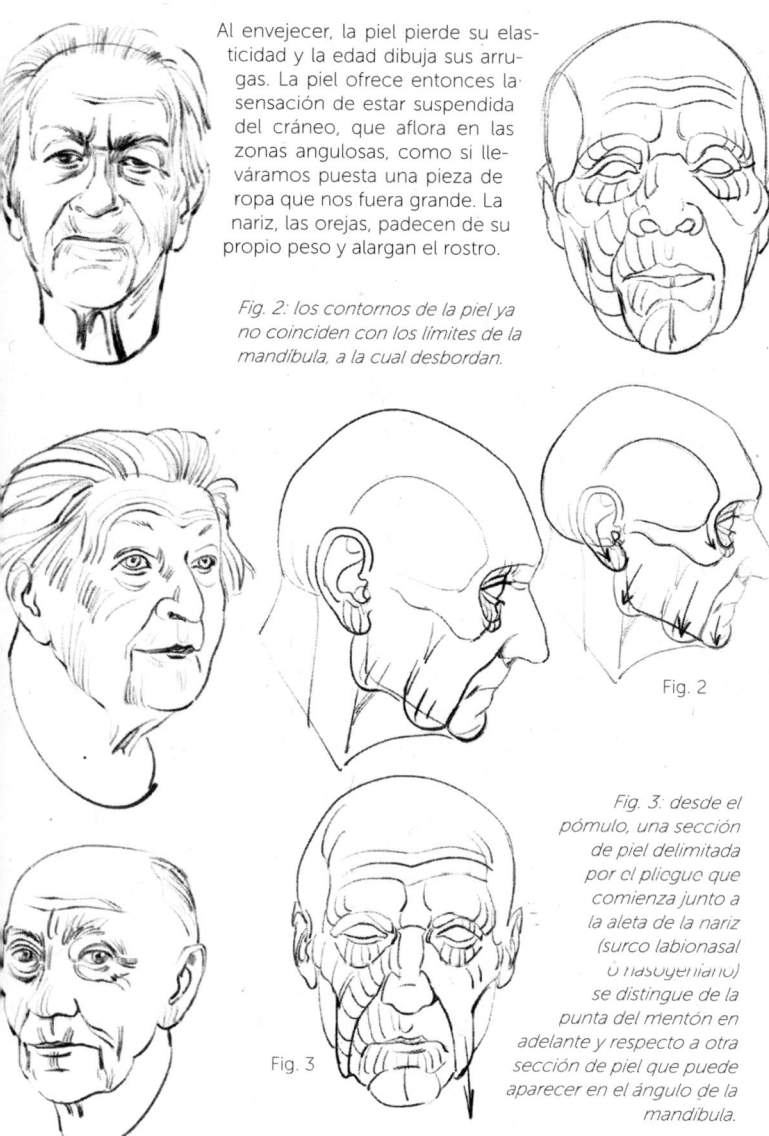

Al envejecer, la piel pierde su elasticidad y la edad dibuja sus arrugas. La piel ofrece entonces la sensación de estar suspendida del cráneo, que aflora en las zonas angulosas, como si lleváramos puesta una pieza de ropa que nos fuera grande. La nariz, las orejas, padecen de su propio peso y alargan el rostro.

Fig. 2: los contornos de la piel ya no coinciden con los límites de la mandíbula, a la cual desbordan.

Fig. 2

Fig. 3: desde el pómulo, una sección de piel delimitada por el pliegue que comienza junto a la aleta de la nariz (surco labionasal o nasogeniano) se distingue de la punta del mentón en adelante y respecto a otra sección de piel que puede aparecer en el ángulo de la mandíbula.

Fig. 3

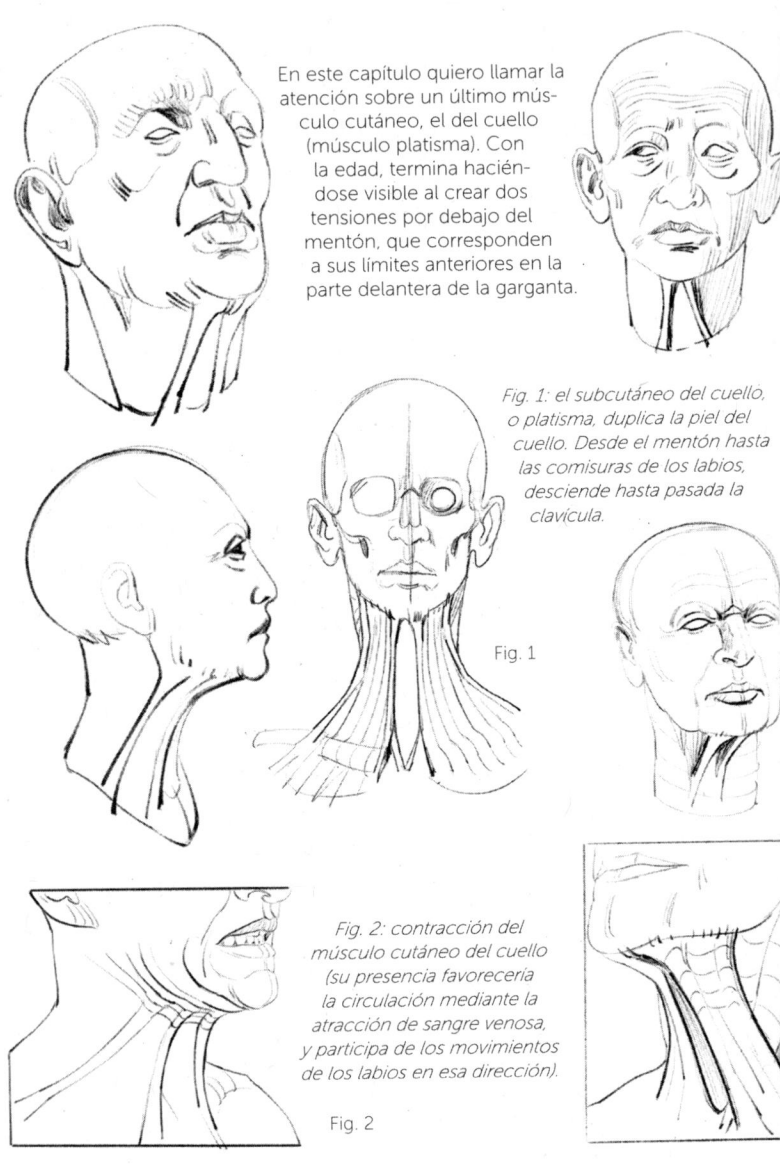

En este capítulo quiero llamar la atención sobre un último músculo cutáneo, el del cuello (músculo platisma). Con la edad, termina haciéndose visible al crear dos tensiones por debajo del mentón, que corresponden a sus límites anteriores en la parte delantera de la garganta.

Fig. 1: el subcutáneo del cuello, o platisma, duplica la piel del cuello. Desde el mentón hasta las comisuras de los labios, desciende hasta pasada la clavícula.

Fig. 1

Fig. 2: contracción del músculo cutáneo del cuello (su presencia favorecería la circulación mediante la atracción de sangre venosa, y participa de los movimientos de los labios en esa dirección).

Fig. 2

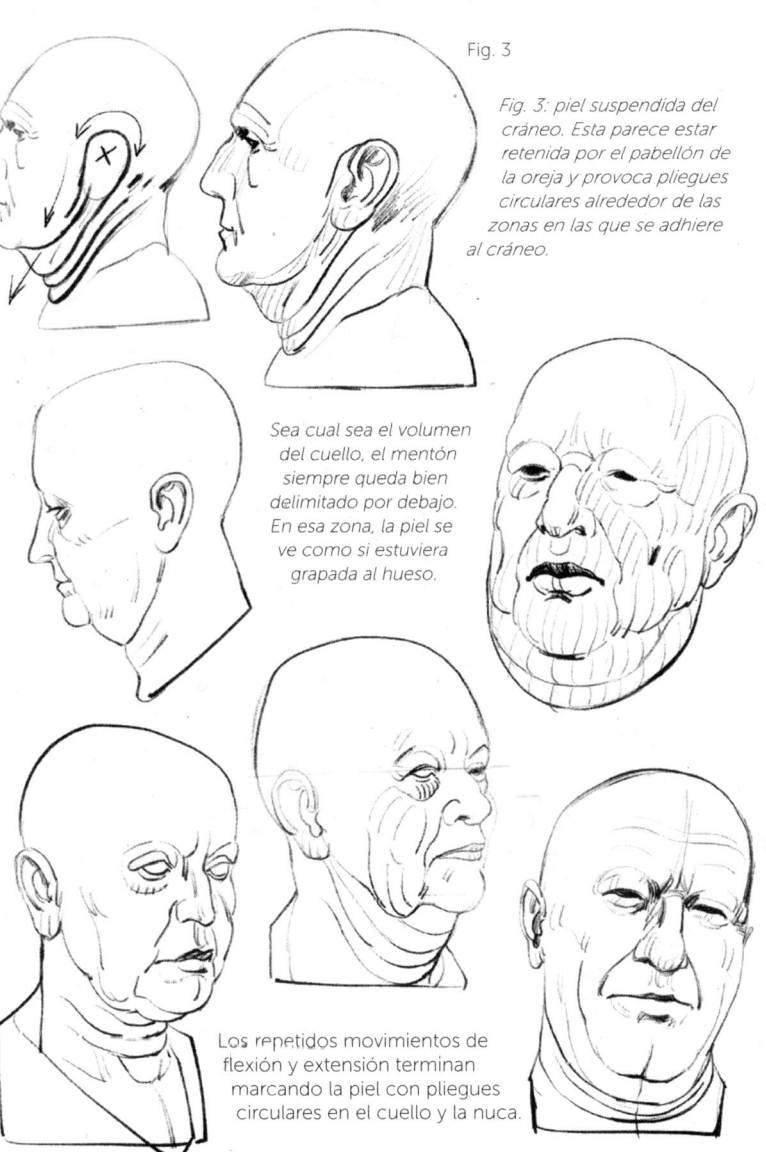

Fig. 3

Fig. 3: piel suspendida del cráneo. Esta parece estar retenida por el pabellón de la oreja y provoca pliegues circulares alrededor de las zonas en las que se adhiere al cráneo.

Sea cual sea el volumen del cuello, el mentón siempre queda bien delimitado por debajo. En esa zona, la piel se ve como si estuviera grapada al hueso.

Los repetidos movimientos de flexión y extensión terminan marcando la piel con pliegues circulares en el cuello y la nuca.

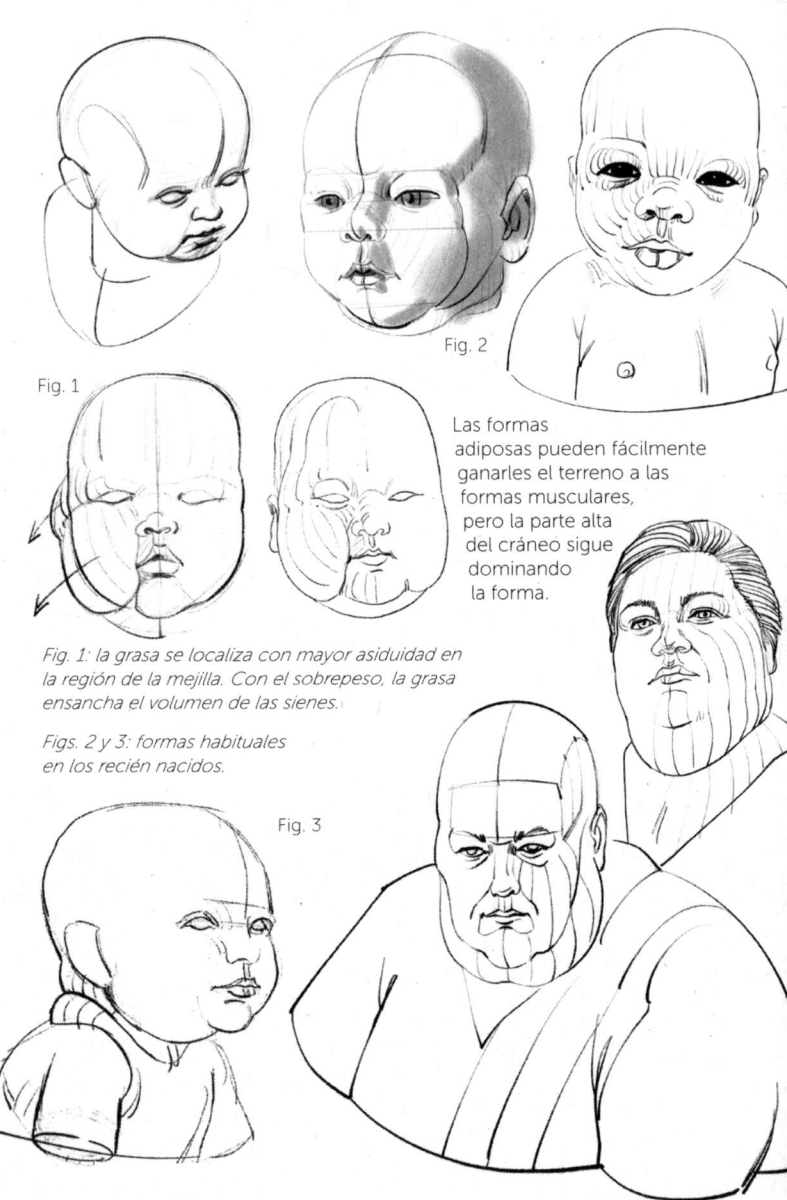

Fig. 1

Fig. 2

Las formas adiposas pueden fácilmente ganarles el terreno a las formas musculares, pero la parte alta del cráneo sigue dominando la forma.

Fig. 1: la grasa se localiza con mayor asiduidad en la región de la mejilla. Con el sobrepeso, la grasa ensancha el volumen de las sienes.

Figs. 2 y 3: formas habituales en los recién nacidos.

Fig. 3

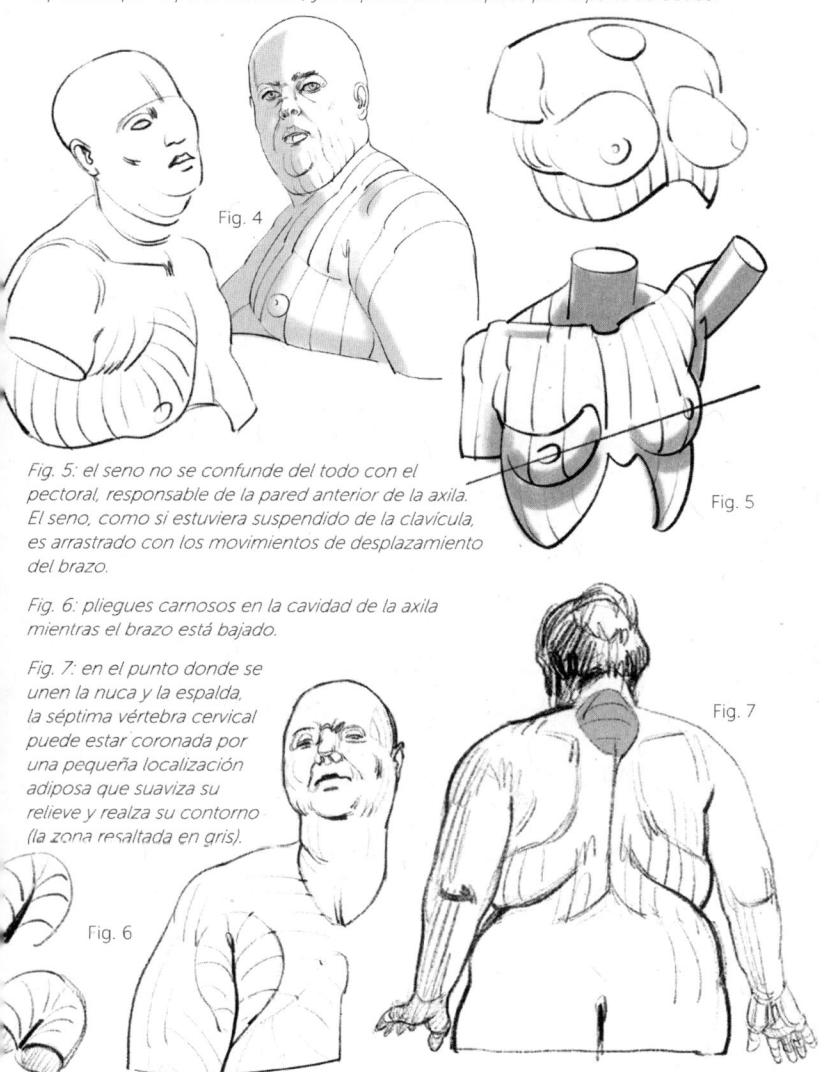

Figs. 4 y 7: en lo alto del torso, la grasa crea un volumen que se une al seno y/o al pectoral por la parte delantera, y a la punta del omoplato por la parte de detrás.

Fig. 4

Fig. 5

Fig. 5: el seno no se confunde del todo con el pectoral, responsable de la pared anterior de la axila. El seno, como si estuviera suspendido de la clavícula, es arrastrado con los movimientos de desplazamiento del brazo.

Fig. 6: pliegues carnosos en la cavidad de la axila mientras el brazo está bajado.

Fig. 7: en el punto donde se unen la nuca y la espalda, la séptima vértebra cervical puede estar coronada por una pequeña localización adiposa que suaviza su relieve y realza su contorno (la zona resaltada en gris).

Fig. 7

Fig. 6

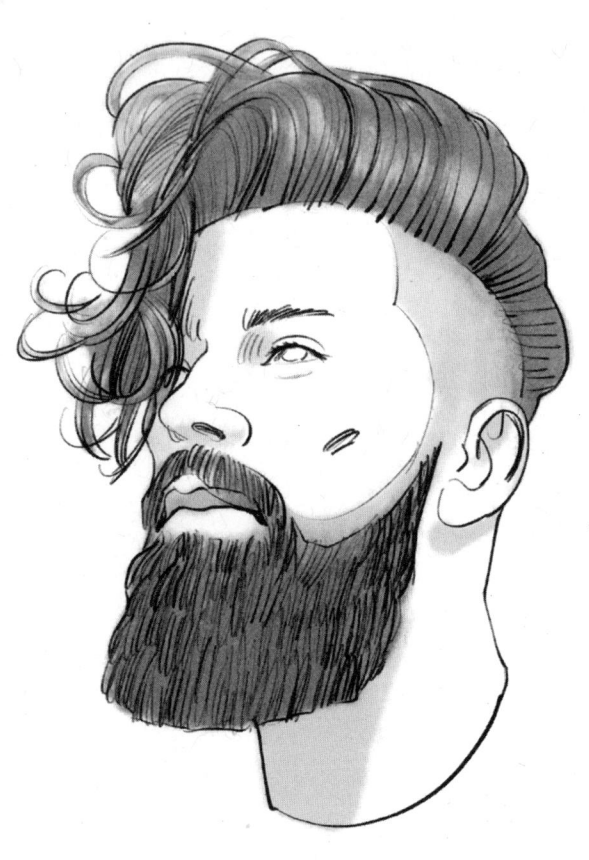

PELO, BARBA Y VELLO

Las cejas protegen a los ojos, desvían las gotas de sudor, de lluvia o las partículas de polvo hacia los costados del rostro para evitar que se cuelen en ellos.

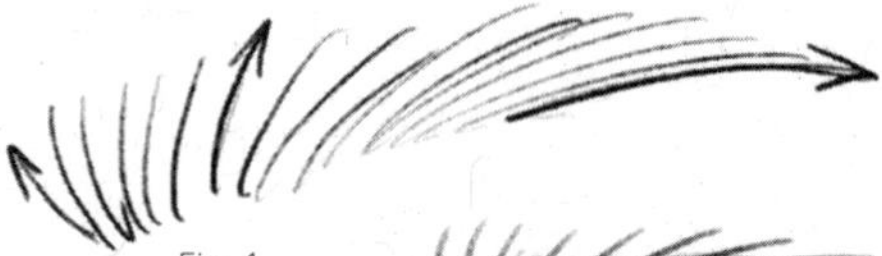

Fig. 2

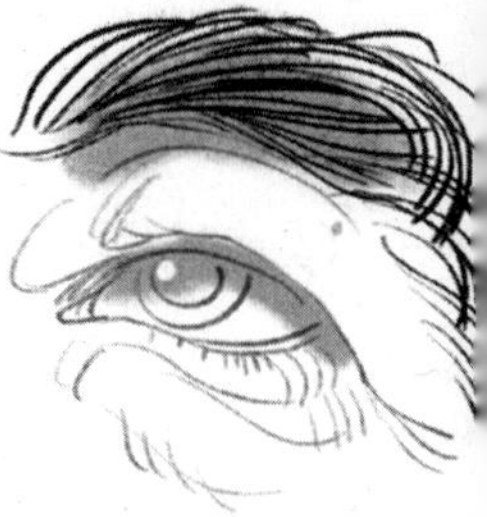

Fig. 1

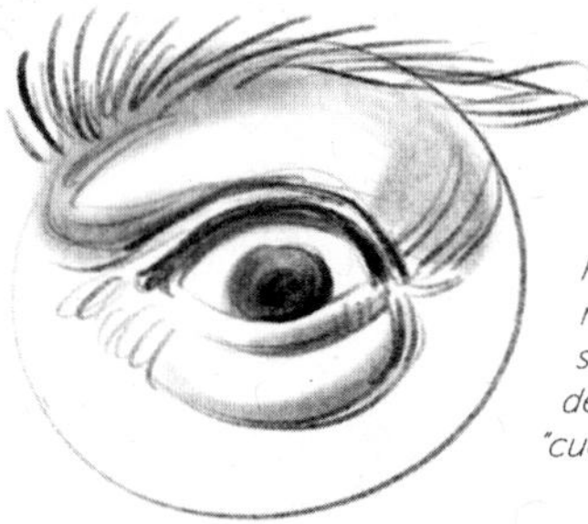

Fig. 1: en el extremo interno, la "cabeza" de la ceja brota o se propaga. Desde ese lado los pelos se inclinan hacia la "cola", en el otro extremo.

Figs. 2 y 3: en las cejas más espesas la forma se nutre de pelos que descienden hacia el "cuerpo" de la ceja.

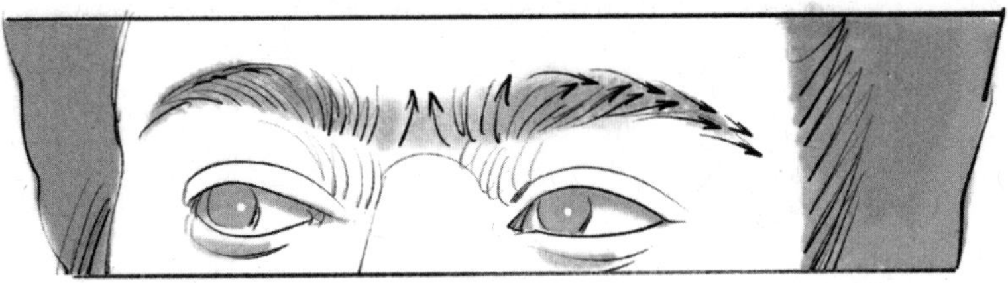

Fig. 3: las cejas pueden converger en el eje del rostro, donde arranca la nariz.

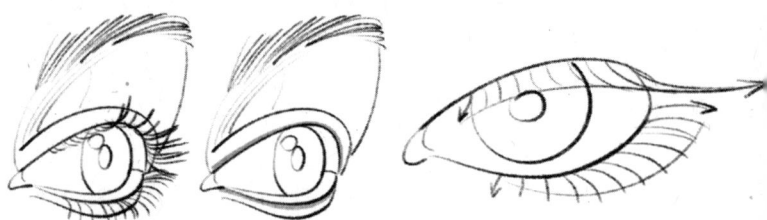

Las pestañas tejen una sombra protectora sobre el ojo y funcionan como un filtro sensible. Permiten los movimientos reflejos de los párpados, que se cierran ante cualquier amenaza para nuestros ojos, ya sea un partícula suspendida en el aire o un insecto.

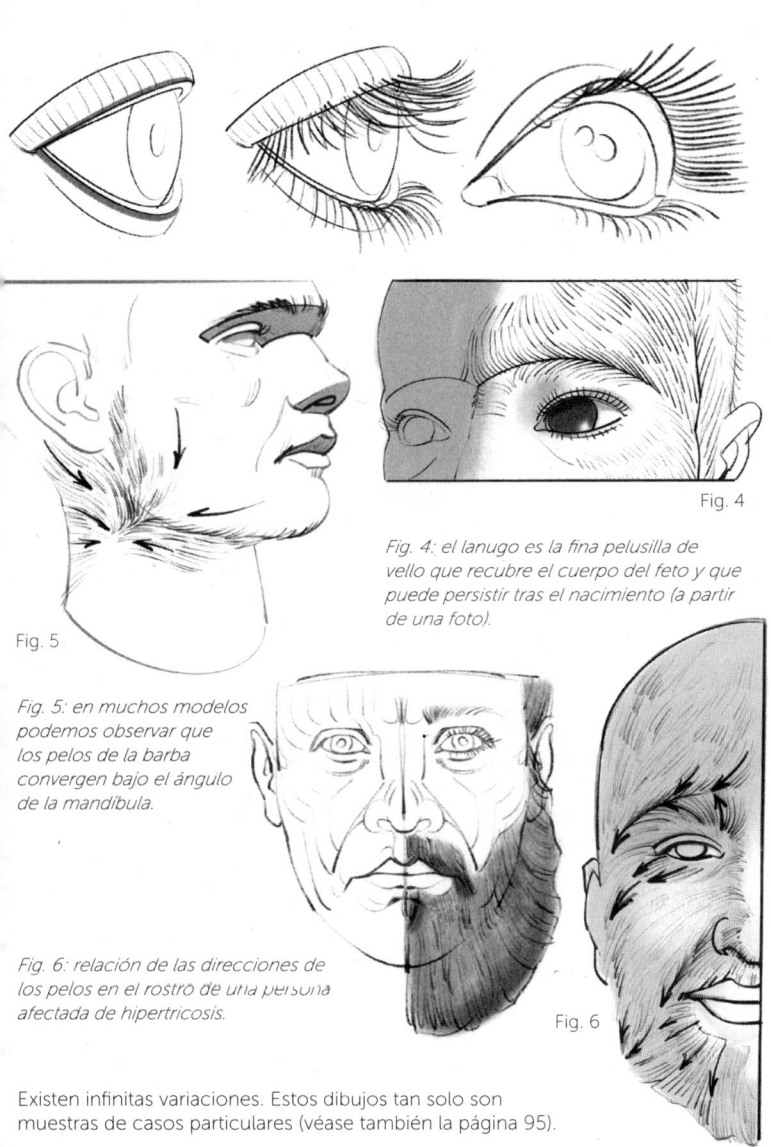

Fig. 4

Fig. 4: el lanugo es la fina pelusilla de vello que recubre el cuerpo del feto y que puede persistir tras el nacimiento (a partir de una foto).

Fig. 5

Fig. 5: en muchos modelos podemos observar que los pelos de la barba convergen bajo el ángulo de la mandíbula.

Fig. 6: relación de las direcciones de los pelos en el rostro de una persona afectada de hipertricosis.

Fig. 6

Existen infinitas variaciones. Estos dibujos tan solo son muestras de casos particulares (véase también la página 95).

En este capítulo me sirvo de forma más sistemática del valor de tono (mediante el empleo de luces y sombras) para que mis ideas resulten más claras. La aproximación "morfo" consiste en no dejarse llevar por los detalles dibujando una textura antes de la estructura. Dicho de otra forma: no dibujar los pelos antes del pelo en su conjunto. Los trucos que os propongo me han sido de gran ayuda para dibujar árboles y otra vegetación que conforma en un primer vistazo un amasijo indistinto. Tanto en un caso (el pelo) como en el otro (los árboles) se trata de no perder en ningún momento de vista la rotundidad global (que todo ese pelo está dispuesto sobre un cráneo), y después ir recortando en la silueta resultante los diferentes subconjuntos (las matas, los mechones en el caso del pelo, igual que los conjuntos de hojas de cada rama).

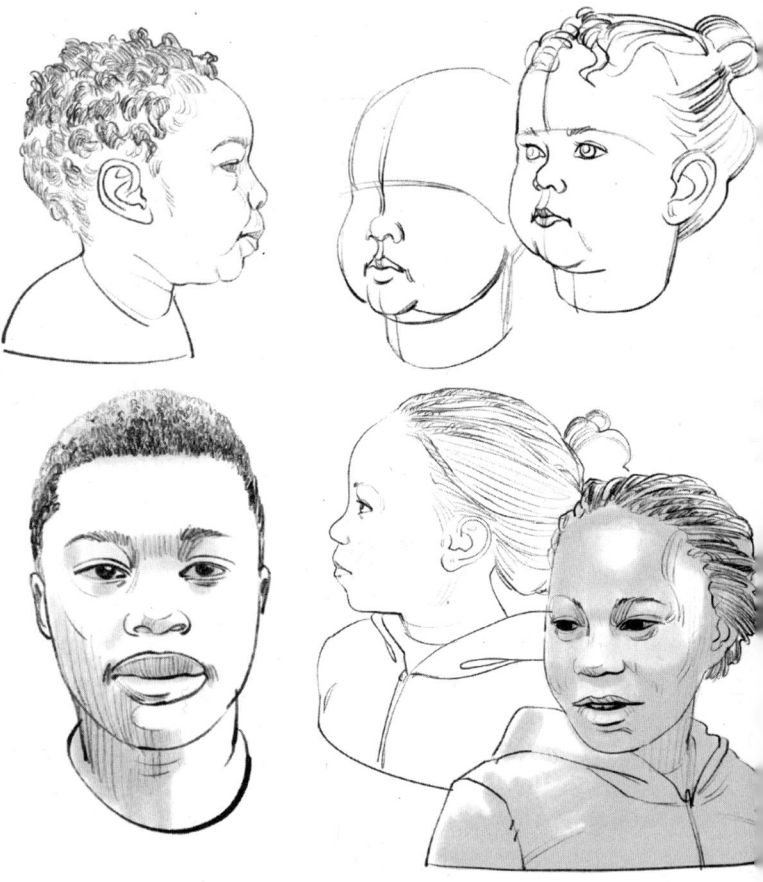

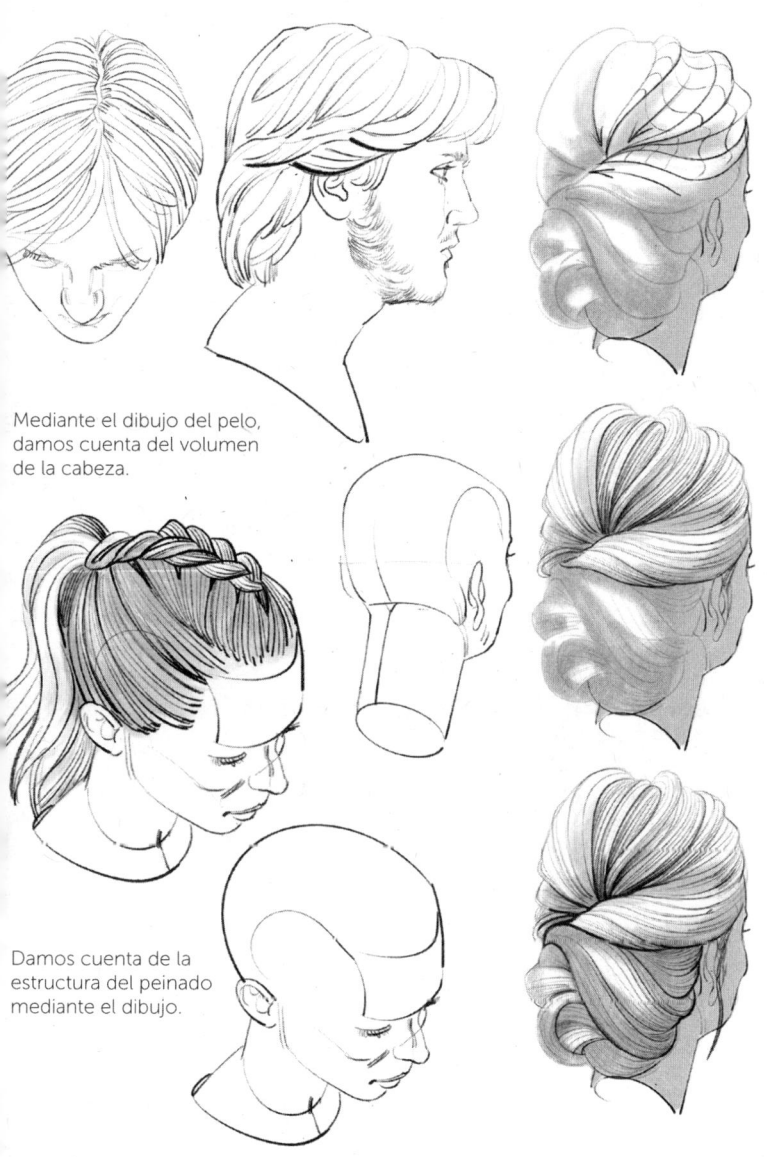

Mediante el dibujo del pelo, damos cuenta del volumen de la cabeza.

Damos cuenta de la estructura del peinado mediante el dibujo.

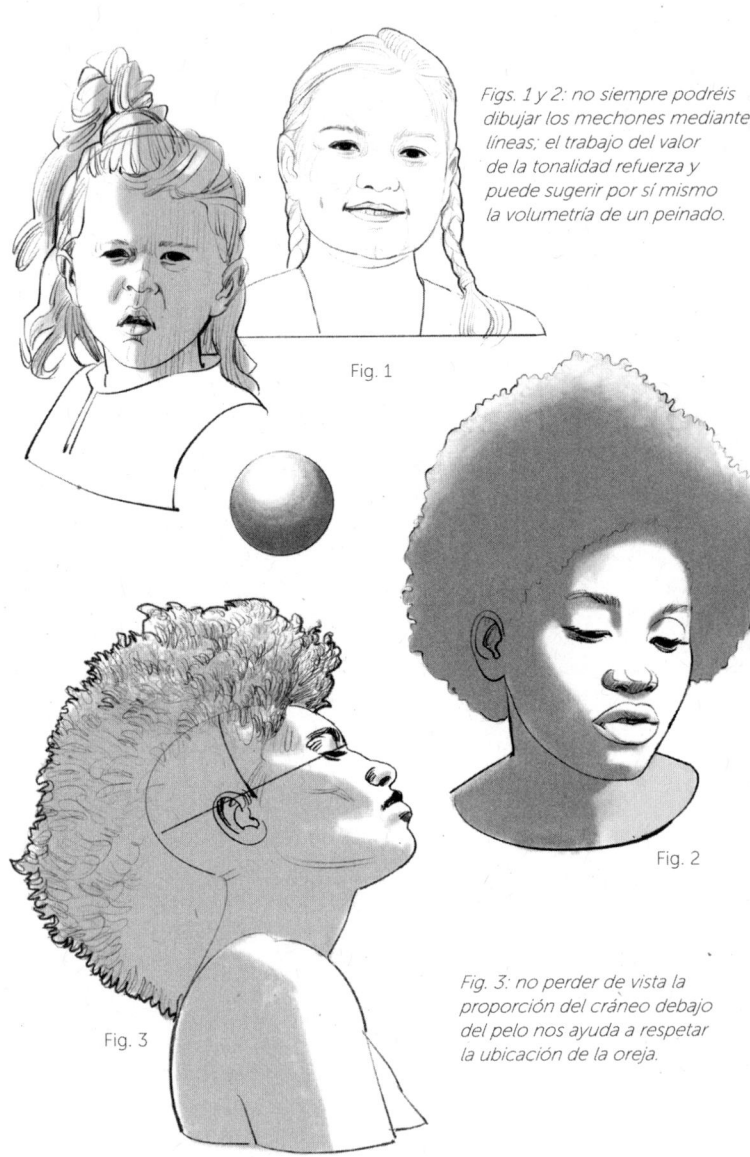

Figs. 1 y 2: no siempre podréis dibujar los mechones mediante líneas; el trabajo del valor de la tonalidad refuerza y puede sugerir por sí mismo la volumetría de un peinado.

Fig. 1

Fig. 2

Fig. 3: no perder de vista la proporción del cráneo debajo del pelo nos ayuda a respetar la ubicación de la oreja.

Fig. 3

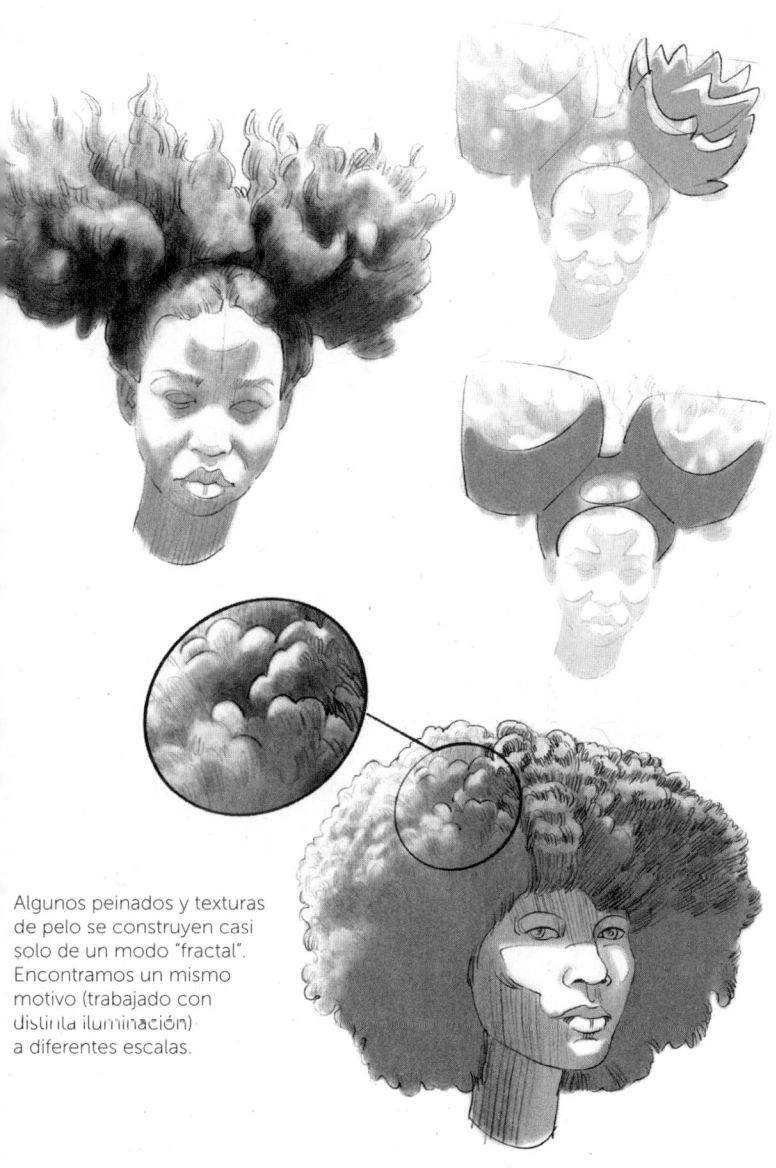

Algunos peinados y texturas de pelo se construyen casi solo de un modo "fractal". Encontramos un mismo motivo (trabajado con distinta iluminación) a diferentes escalas.

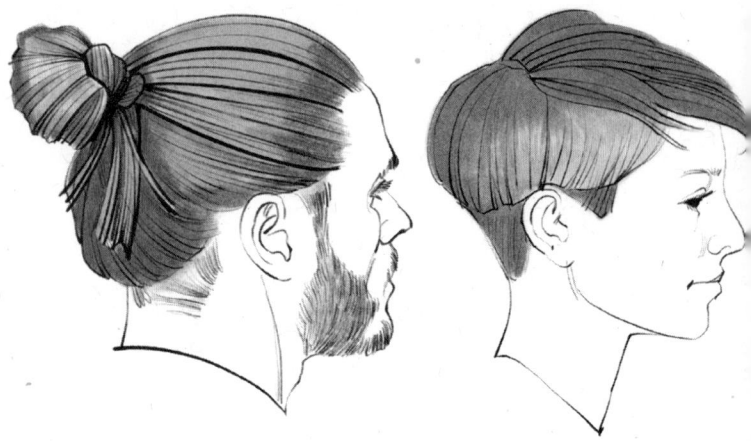

Figs. 1 y 2: disposición "arremolinada" natural en la parte trasera de la cabeza.

Fig. 3: la caída del pelo se produce a menudo siguiendo ese esquema tan habitual en la cirugía estética. La caída en la parte central de la zona "arremolinada" en la parte trasera de la cabeza es una forma clásica de calvicie.

Las figuras 4 y 5 propuestas a la derecha no pueden tomarse como canónicas, existe una infinitud de casos (véase la bibliografía), pero ilustran una idea que, a mi parecer, es estimulante, que "todo posee una forma" y que puede ser productivo observar o imaginar el pelo y los pelos de la manera como Da Vinci estudiaba los fluidos, dibujando los remolinos de la orilla.

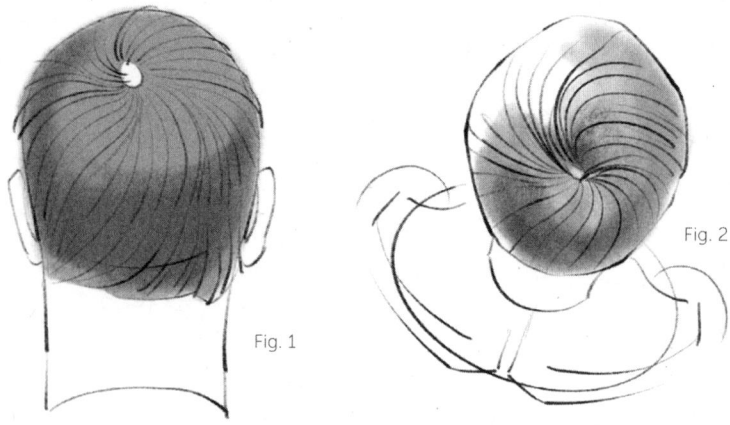

Fig. 1

Fig. 2

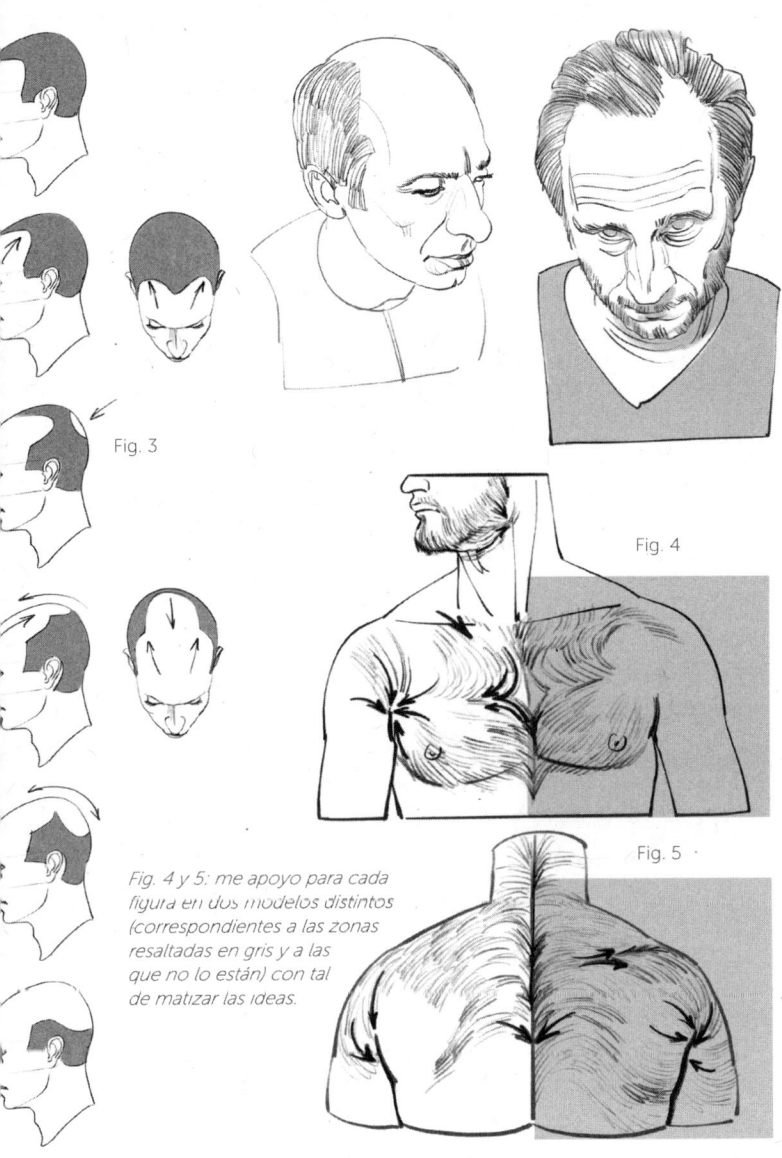

Fig. 3

Fig. 4

Fig. 5

Fig. 4 y 5: me apoyo para cada figura en dos modelos distintos (correspondientes a las zonas resaltadas en gris y a las que no lo están) con tal de matizar las ideas.

BIBLIOGRAFÍA

En cuanto al tema del vello, Paul Richer menciona (en el volumen 2 de la *Nouvelle Anatomie artistique*) los trabajos de H. Beaunis y A. Bouchard. Sin embargo, yo no he encontrado, en los numerosos modelos fotografiados de abundante vello o afectados de hipertricosis disponibles en internet, demasiadas correspondencias con los "mapas" propuestos por estos autores. Sus obras, en cualquier caso, son accesibles en *Gallica*, la página web de la Biblioteca Nacional de Francia (BNF).

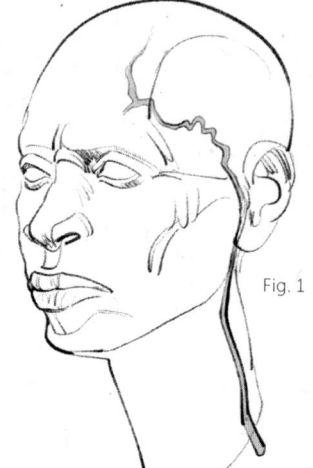

Fig. 1

Fig. 1: la vena temporal.

Andrew Loomis, *Drawing the Head and Hands*, Viking Press, Nueva York, 1956.

Denise Goddé-Jolly y Jean-Louis Dufier, *Ophtalmologie Pédiatrique*, Masson, París, 1992.

Gottfried Bammes, *Der nackte Mensch. Hand-und Lehrbuch der Anatomie für Künstler*, Verlag der Kunst Dresden, Dresde, 1982.

H. Beaunis y A. Bouchard, *Nouveaux Éléments d'anatomie descriptive et d'embryologie*, Baillière, París, 1868.

Paul Richer, *Canon des Proportions du corps humain*, C. Delagrave, París, 1893.

— *Nouvelle Anatomie artistique du corps humain* (1906), vol. 1, BNF, Paris, 2013.

— *Nouvelle Anatomie artistique du corps humain*, vol. 2, Plon, París, 1920.